O Mistério da Inveja

Uma Teoria sobre a Inveja que a Humanidade Construiu

eber hernandes

eber hernandes

3

eber hernandes

I

O estudo mais erudito

O insight que aqui vou expor é uma interessante descoberta sobre a inveja. Tal insight me ocorreu em 2012 na porta de uma escola onde eu estudava piano clássico. Percebi que ao invés de ser um problema genético construído pela natureza, a inveja é um problema social construído pelo convívio coletivo; ou melhor, percebi que a inveja é provocada por uma força social exterior ao homem, e não por uma força biológica inerente ao homem.

Após matar tal charada, fiz consultas nos acervos da USP, da PUC e da Internet para saber se alguém no mundo já havia percebido a interessante realidade que eu acabara de perceber. Ninguém jamais havia pensado e explicado a inveja como fato social; ou melhor, ninguém jamais havia apresentado uma teoria harmônica e completa explicando a inveja como construção social, e explicando como a humanidade teria construído a inveja.

O estudo mais erudito, científico e completo que se tinha a respeito era o de um famoso professor universitário brasileiro conhecido como 'Doutor Leandro Karnal'. Tal estudo era apresentado no décimo ano da CPFL Cultura, no programa Café Filosófico, no módulo Sete Prazeres Capitais, em 2 horas, 12 minutos e 33 segundos, e seu título era: *O pecado envergonhado, a inveja e a tristeza sobre a felicidade alheia.*

Esse minucioso e aplaudido estudo/levantamento feito e apresentado pelo Doutor Leandro Karnal – que, aliás, era o curador do tal evento – confirma que até então a comunidade científica do nosso planeta pensa e explica a inveja como problema fundamentalmente biológico e/ou psicológico. Ou seja, até então (até achegada dessa minha teoria) não se concebe a inveja como um problema que é construído e mantido pela cultura, pelo sistema de tradições, pelo pacto social abstrato...

Alguns dos erros

que se cometia

Ao entrar, pois, em contato com o referido estudo do referido Doutor, notei logo de cara que por ignorar por completo o modo de funcionamento da força social causadora da inveja, tal trabalho apresentava diversas ambages, contradições, lacunas e equívocos bastante evidentes.

Errava-se ao dizer, por exemplo, que a inveja é mais intensa e mais frequente entre pessoas iguais (mulher/mulher, negro/negro etc); que a inveja é problema psicológico com origem em um determinado trauma de infância, que a criança morde o seio da mãe porque a criança tem inveja contra a própria mãe, que eu invejo porque o que importa é que eu sempre tenha mais, que é por vergonha que as pessoas negam ser invejosas, que a inveja é a incapacidade de ficar feliz com a felicidade dos outros, que invejamos por que queremos ter o oposto daquilo que já temos, que a inveja decorre de defeito genético, que a inveja se deve à falta de autoconhecimento, que a inveja se deve a incapacidade que o invejoso tem de reconhecer sua própria inferioridade etc, etc.

De acordo com o que eu acabara de perceber/descobrir, tudo isso era obviamente equivocado. Até porque, há centenas de pessoas que não apenas se

eber hernandes

consideram superiores ao invejado, mas que têm, de fato, melhor condição financeira, melhor saúde, melhor estabilidade emocional, melhor tudo – em comparação com o invejado, e ainda assim (mesmo sendo comparativamente superiores), sentem o referido incômodo em relação a alegria do sujeito 'inferior'. Ou seja, a inveja, em geral, não tem nada a ver com a tal incapacidade que o invejoso teria de reconhecer sua própria inferioridade.

Olhando, pois, mais para dentro e comparando a minha descoberta com a concepção que se tinha até então sobre a inveja, me ficava claríssimo que aquilo que se dizia não coadunava, não correspondia, não explicava aquilo que de fato acontece nas situações de inveja. Ou seja, eu percebi que as situações concernentes a inveja ficam mais sensata e harmonicamente explicadas a partir do momento em que se concebe a inveja como fato social. Sem essa percepção, que é trazida pelo presente trabalho, errava-se bastante.

Errava-se, por exemplo, ao dizer que a inveja decorre de comparação entre invejoso e invejado (pois em inúmeros casos o invejoso jamais se compararia ao invejado); errava-se ao dizer que aquilo que eu invejo tem a ver com aquilo que eu não tenho (pois em inúmeros casos eu tenho sim muito daquilo, sou talentoso, bilionário etc e ainda assim, não aceito que determinadas pessoas também o tenha); errava-se ao dizer que a proximidade entre invejoso e invejado é fundamental para que a inveja aconteça (pois se tem inveja concernente ao êxito de pessoas que vivem em outros países distantes etc); errava-se ao dizer que temos outras pessoas como 'metidas' porque tais pessoas metidas possuem aquilo que nós gostaríamos de possuir (ou seja, até então não se percebe a força social que nos faz estranhar a ousadia de pessoas "fracas" que tentam sair do padrão socialmente estabelecido); errava-se ao dizer que os mais invejados são os mais ricos etc, etc.

eber hernandes

Como se vê, e conforme atestam os documentos, eram muitos os erros, lacunas e contradições constantes das explicações que o Doutor Leandro Karnal apresentava para a inveja.

Antes da presente

teoria

Em sua apresentação original o referido Doutor explicava que quando alguém, por exemplo, no restaurante se incomoda com a felicidade da turma da mesa ao lado, é porque esse alguém incomodado não quer admitir que sua própria mesa é mais triste do que a outra mesa – a mesa ao lado.

Ora, se o problema realmente fosse esse, se eu estivesse incomodado pelo fato de a minha mesa ser mais triste do que a mesa ao lado, então nos contextos e nas situações em que a minha mesa fosse mais rica e mais feliz (do que a mesa ao lado), eu não teria angústia em relação a tal mesa "inferior"; em tais casos eu ficaria tranquilo com o relativamente pequeno bem-estar da turminha da mesa ao lado.

Na realidade e na prática, porém, verifica-se que não é isso o que acontece. Na realidade concreta verifica-se que mesmo quando a minha mesa é a mesa mais rica e a mais feliz de todas, eu sigo, em inúmeros casos, incomodado e oposto a alegria da turma da mesa ao lado. Tanto que há inúmeros espaços ultra lindos, ricos e felizes em nosso planeta nos quais as pessoas mais pobres não podem sequer entrar; são enxotadas na porta. Ou seja, em tais casos eu estou muito bem, estou muito feliz e, mesmo assim, não

eber hernandes

aceito que determinadas pessoas desfrutem de determinados prazeres. (E nos casos em que pessoas "inferiores" conseguem entrar e desfrutar de certos luxos muito sofisticados, eu em geral fico incomodado, angustiado).

Ou seja, o incomodo e a inveja que se dá em tais tipos de casos não têm absolutamente nada a ver com o fato eu não querer admitir que a minha mesa é mais triste do que a mesa ao lado. Eu sei e admito que minha mesa é melhor, e mesmo assim não consigo ficar em paz diante da relativamente pequena felicidade da mesa ao lado. Por quê?

É suscetível que por ora esse trecho pareça um tanto confuso ao caro ouvinte. Logo, porém, que avançamos através do segundo capítulo esse tipo de questões ficam plenamente esclarecidas.

O Doutor Leandro deixa, portanto, bem claro que antes do surgimento da presente teoria ele ignora completamente a existência e o modo de funcionamento do sistema de tradições gerador da inveja:

"Eu me surpreendo muitíssimo", diz ele já no começo de sua fala, *"ao ter contato com pessoas a quem a natureza foi avara quanto a beleza física, pessoas a quem os bens materiais são escassos, pessoas pouco dotadas de uma inteligência original. Essas pessoas que às vezes me dizem, 'eu sou alvo de muita inveja'. E eu penso, 'mas, do que? O que pode ser invejado nessa pessoa? Deve ser algo muito secreto porque o que aparece não é invejável. Deve ser algo que vestido não se pode contemplar"*.

Ou seja, conforme eu dizia, o referido Doutor deixa bastante claro que antes de se tornar pública a minha teoria, ele ignora completamente a existência e o modo de funcionamento do sistema de tradições gerador da inveja. Ele simplesmente não sabe como a inveja funciona. Não entende, por exemplo, o porquê de as pessoas escassas de bens materiais se queixarem de ser invejadas, já que, assim

eber hernandes

como os demais especialistas, ele pensa que os mais ricos é
que são os mais invejados em nosso planeta.

Uma outra confirmação

A presente teoria foi exposta pela primeira vez em
agosto de 2014 em uma entrevista que concedi a TV RIT no
programa Análise Direta (onde faço menção ao senhor
Leandro Karnal e onde mostro que suas conclusões
concernentes a inveja estão em contradição com a estrutura
da realidade).

E para qualquer pessoa que já teve algum contato
com o conteúdo do presente trabalho, a explicação para o
fenômeno supracitado é bastante clara, evidente, óbvia: Por
que as pessoas consideradas feias, pobres, burras etc também
se queixam de serem perseguidas e invejadas? Tais pessoas
apresentam tais queixas porque elas são exatamente as
pessoas mais bloqueadas, perseguidas, castigadas e
invejadas do nosso planeta. Sempre foram. Logo que se
ganha uma noção aludente ao verdadeiro mecanismo de
funcionamento da inveja, isso se torna a uma das coisas mais
óbvias do mundo.

Em 2012, por ocasião dessa minha interessante
descoberta (que foi registrada na Biblioteca Nacional em 28
de agosto de 2014), eu era um cidadão comum sem fama
alguma. E agora, em 2020, por ocasião dessa prazerosa
revisão, eu sigo sendo um mero cidadão comum sem fama
alguma. É possível, pois, que enquanto eu reviso e procuro
tornar meu trabalho conhecido – atrair uma editora etc,
alguém mais influente (ou mais famoso) que eu, altere a
essência de suas explicações sobre a inveja. Alguém pode
inclusive passar a explicar a inveja como construção social a
partir do meu trabalho. Aliás, já há, de fato, quem distorce
um tanto as coisas e tenta explicar que a inveja nasce junto

eber hernandes

com a instituição familiar, ou que a inveja nasce junto com a publicidade etc.

Os porquês das alterações nas explicações de tais especialistas eu não sei. Mas que antes do nascimento e da divulgação do presente trabalho o mundo tinha outra concepção a respeito da inveja, é fato tranquilamente documentado. Aliás, se os demais pensadores tendem a afinar suas conclusões com a teoria aqui exposta, temos, então, mais uma confirmação de que o presente trabalho trás, de fato, algo digno de apreço.

eber hernandes

Resumo

(com esclarecimentos)

Ao invés de ser um problema genético construído pela natureza, a inveja é um problema social construído pelo convívio coletivo.

Ou seja, trata-se de um problema provocado por força social exterior ao homem, e não por força biológica inerente ao homem.

Notei que, por não perceberem a inveja como construção social, os especialistas que me precediam incorriam em muitos erros, dez dos quais cito aqui:

1. A inveja é mais intensa e mais frequente entre iguais (mulher/mulher, negro, negro etc).
2. Eu invejo porque quero mais e mais.
3. As pessoas negam ser invejosas por vergonha.
4. A inveja é a incapacidade de ficar feliz com a felicidade do outro.
5. Invejamos porque queremos ter o oposto daquilo que já temos.
6. A inveja decorre de baixo nível de autoestima.
7. A inveja decorre da incapacidade do invejoso de reconhecer sua própria inferioridade.
8. A inveja decorre da comparação entre invejoso e invejado.

eber hernandes

9. Aquilo que eu invejo tem a ver com aquilo que eu não tenho.

10. A proximidade entre invejoso e invejado é fundamental para que a inveja aconteça.

Uma vez pensada e explicada e inveja como construção social, ficam harmonicamente resolvidos todos esses tipos de equívocos e contradições.

Um dos exemplos que mostram que o doutor Karnal (e toda a comunidade cientifica) ignoram o mecanismo de funcionamento da inveja antes da minha teoria:

Ele explica que o invejoso está triste com alegria da turma da mesa ao lado porque o invejoso não quer admitir que sua mesa é mais triste do que a mesa ao lado.

Acontece que, em milhões de casos, mesmo quando a minha mesa é mais rica e mais feliz, eu não aceito a alegria da mesa ao lado.

Tanto que em milhões de lugares elegantes os mais pobres não podem entrar e, além disso, quando entram e tem muito conforto, geram desconcerto, estranheza, oposição.

Outro dos muitos exemplos que mostram que o doutor Karnal (e toda a comunidade cientifica) ignoram o mecanismo de funcionamento da inveja antes da minha teoria:

eber hernandes

Ele se surpreende e não entende por que pessoas consideradas medíocres se queixem de serem invejadas. Isso atesta que não ele não tem sequer noção de como a inveja funciona.
Sem perceber a inveja como construção social (antes da explicação trazida pela presente teoria) pensa-se que os mais invejados são os mais ricos.

Um terceiro exemplo que mostra que o Karnal e a comunidade científica ignoram completo o mecanismo de funcionamento da inveja antes da minha teoria:

Ele passa mais de duas horas apresentando a bibliografia referente a inveja. E, no entanto, não cita nenhuma teoria, nenhum pensador que explica a inveja como construção social.

eber hernandes

II

Quando a felicidade do outro deixa o invejoso feliz e quando a felicidade do outro deixa o invejoso angustiado

O invejoso não tem inveja o tempo todo, em todos os lugares, contra todas as pessoas; a inveja dele se dá somente em determinadas conjunturas e somente em relação a alegria de determinadas pessoas. Atestando isso, vemos que multidões lotam ginásios de esportes, casas de shows, templos religiosos etc, e vemos que essas multidões apoiadoras vibram de alegria diante do sucesso de seu cantor, ator, atleta, inventor ou orador favoritos. Ou seja, o invejoso não tem inveja o tempo todo, em todos os lugares, contra todas as pessoas.

Tendo em conta que essas pessoas apoiadoras que lotam tais espaços são exatamente as mesmas pessoas que cm outros contextos são tidas como invejosas, percebe-se que, em geral, a pessoa invejosa não tem um veneno ou uma incapacidade fixa e genética de ficar feliz com a felicidade dos outros. Como se nota na postura apoiadora das referidas multidões, o homem invejoso é totalmente capaz de ficar feliz com a felicidade dos outros.

Ora, se o ser humano em geral – e inclusive o invejoso, é plenamente capaz de ficar feliz com a felicidade dos outros, então por que determinadas pessoas nos suscitam angústia e inveja? Que conjunturas e que pessoas são essas que nos fazem sentir o mal-estar chamado inveja? A estrutura dos fatos mostra que as pessoas cuja alegria, alegra também ao invejoso, são aquelas pessoas pelas quais o invejoso tem um tipo especial de apreço. São pessoas que,

17

por serem objeto desse tipo especial de apreço, serão ao longo do presente trabalho chamadas de "fortes".

O sucesso dessas pessoas que eu inconscientemente tenho como "fortes", não me suscita angústia, mas sim, alegria. Assim, eu vou, por exemplo, ao show, vibro e canto de alegria junto com o meu atleta ou junto com o meu astro favorito, "forte". Ou seja, eu fico totalmente feliz com a felicidade do outro.

Porém depois em casa, no trabalho, na vizinhança eu fico um tanto angustiado diante da possibilidade de êxito de determinadas pessoas; irmão, vizinho, esposa, colega de trabalho etc. Que pessoas são essas cujo êxito me suscita tal angústia? A estrutura dos fatos mostra que essas outras pessoas, diante de cuja felicidade se fica um tanto desconcertado, são aquelas pessoas pelas quais o invejoso (ou qualquer pessoa) tem um tipo especial de desprezo. São pessoas as quais o incomodado julga menos sofisticadas, menos "fortes" dentro dos contextos e das comparações sociais.

Assim, enquanto as pessoas mais ricas, mais sofisticadas ou mais "fortes" recebem mais apoio e geram mais prazer, as pessoas mais pobres, mais básicas ou menos "fortes" recebem mais bloqueios e geram mais desconcerto. Por quê? Porque, dentro do convívio coletivo temos regras e hierarquias sociais que nos educam e que nos dirigem a mente nesse sentido.

Tal força social nos faz pensar que determinadas pessoas são mais superiores que outras e nos faz pensar, também, que pessoas mais superiores devem ter mais conforto, enquanto as pessoas menos superiores devem ter menos conforto.

Sabendo, pois, da evidente existência dessas centenas de regras e de hierarquias que nos formatam e que nos acostuma desde crianças, então fica evidente, também, que sempre que tal formatação ou costume social for abruptamente quebrado, ficaremos um tanto desconcertados.

eber hernandes

E, de acordo com minha tese, esse desconcerto é exatamente a angústia a qual o mundo nomeou de inveja.

Ou seja, esse costume social é quem faz com que determinadas pessoas sejam consideradas mais "fortes" enquanto outras pessoas são consideradas menos "fortes"; esse costume social é quem faz com que pessoas mais "fortes" recebam mais apoio enquanto pessoas menos "fortes" recebem mais bloqueios; e, esse mesmo costume é quem faz com que fiquemos um tanto angustiados se, por exemplo, pessoas mais pobres, mais básicas ou menos "fortes" recebem mais regalias (do que pessoas mais ricas, mais sofisticadas ou "mais fortes").

Assim, se, por exemplo, o luxuoso tenor Andrea Bocelli, ou o imponente bilionário Bill Gates, ou qualquer pessoa que eu vejo como "forte" ganha sozinho 19 milhões, eu, em geral, não tenho incomodo algum, pois para mim é normal que tal pessoa "forte" ganhe tal quantia de conforto e de dinheiro.

Mas se, por exemplo, um vizinho pobre considerado medíocre ganha sozinho 19 milhões na loto, eu, em geral, fico um tanto desconcertado, pois para mim é anormal que tal pessoa menos "forte", ganhe tal quantia de conforto e de dinheiro. Eis o mistério da inveja.

Quando a inveja

acontece

A lógica, ou melhor, a estrutura de fatos que comecei a tentar mostrar parece coerente com a história da humanidade, pois sabe-se que ao longo da história os povos perdedores de guerra (os menos "fortes"), foram no geral exterminados ou escravizados. Sabe-se, aliás, que muitas pessoas e povos foram exterminados ou escravizados mesmo sem participarem de guerra alguma; foram desgraçados apenas por serem considerados inferiores.

Tudo leva a crer, então, que no inconsciente coletivo consta que a pessoa, por exemplo, vencedora, culta e rica deve ter mais apreço do que a pessoa perdedora, inculta e pobre. Ou seja, tudo leva a crer que há uma força social que faz com que tendamos a pensar e a proceder de tais maneiras.

Aliás, os povos mais odiados no nosso planeta, segundo pesquisa realizada pelo grupo norte americano *Times Mirror Center*, são os povos mais atrasados. Não é interessante? No geral as pessoas mais odiadas não são os mais agressores, invasores, colonizadores etc. Os mais odiados são os humanos considerados mais inferiores.

Em resumo os resultados da referida pesquisa mostram mais ou menos o seguinte; é mais fácil as pessoas gostarem de alemães mais agressivos e mais ricos do que gostarem de africanos mais pacíficos e mais pobres, por exemplo.

E, como se nota, foi o convívio coletivo quem criou divisões, hierarquias e distintivos que nos fazem pensar que determinados humanos são mais ricos ou mais "importantes" que outros.

O convívio coletivo criou divisões, regras e hierarquias que nos fazem pensar, por exemplo, que um diretor culto e rico é mais importante do que um faxineiro analfabeto e pobre. Dito de outra forma, nós somos acostumados a ver, por exemplo, o porteiro receber menos apreço do que diretor da empresa, e, inconscientemente temos isso como o normal e correto.

De repente, porém, o porteiro se casa com a milionária proprietária da empresa, ou lança uma música que estoura nas paradas do sucesso. Vish! Nossos sentimentos se abalam. Em geral é exatamente nesse tipo de conjunturas que ficamos um tanto desconcertados. Ou seja, é quando tal força ou costume social é contrariado que a inveja acontece.

eber hernandes

O apoio

e o estranhamento

Se perguntamos à 30 executivos o seguinte: *"Qual das duas é mais importante aqui na empresa, a diretora ou a faxineira?"* A isso temos, grosso modo, a seguinte resposta: *"Todas são igualmente importantes para o bom funcionamento da empresa"*, ou seja: *"Ninguém é melhor do que ninguém"*. Esse tipo de resposta mostra que a parte mais consciente da nossa mente sabe e concorda que todas as pessoas são igualmente importantes, valiosas etc.

Depois, porém, observando os mesmos 30 executivos em casa ou no trabalho verificamos uma outra constante interessante: O mesmo executivo que diz que todos e todas são iguais, não consegue, na prática, tratar a todos por igual. Ele, no geral, não consegue dispensar à faxineira (ou a qualquer outra pessoa que ele considera menos "forte") o mesmo capricho e cuidado que ele dispensa à diretora sofisticada.

Esse outro fato, esse tratamento menos caprichado para a faxineira, comprova que nosso inconsciente é mesmo influenciado por um costume, por uma força social, por sistema de tradições. Sistema esse que nos faz pensar que pessoas com determinadas características são inferiores e que pessoas "inferiores" devem ter menos apreço.

Aliás, tal costume nos conduz de forma tão poderosa, que, mesmo sabendo que essa postura é errada, continuamos a dispensar tratamento menos cuidadoso a determinadas pessoas. Assim, um excelentíssimo senhor juiz da suprema corte, por exemplo, sabe e concorda que todos os humanos são iguais etc. Mas mesmo tento tal ciência ele, em geral, não consegue dispensar ao porteiro do tribunal o mesmo apreço que costuma dispensar a um barão fino, rico e culto.

eber hernandes

Aqueles que veem, por exemplo, o milionário jogador Neymar como um grandioso e simpático atleta e que o apreciam muito, conseguem (no geral) ficar tranquilos ao saberem que o Neymar fechou um novo contrato para receber mais 20 milhões mensais. Aliás, o ser humano costuma torcer e cooperar para que tais pessoas (as que temos como "mais fortes"), se tornem ainda mais prósperas e felizes.

No que toca, entretanto, a pessoa que consideramos "menos fortes" nós não apenas tendemos a lhes dispensar tratamento mais pejorativo. Nós, além disso, estranhamos se tais pessoas recebem comodidade "excessiva". E esse estranhamento é exatamente o problema ao qual o mundo nomeou de inveja.

Ou seja, a inveja acontece quando, por exemplo, uma pessoa a qual o meu inconsciente julga muito "fraca", ganha muita comodidade.

eber hernandes

eber hernandes

Resumo

(com esclarecimentos)

O invejoso não tem inveja o tempo todo contra todas as pessoas.

Ele tem inveja somente em determinadas conjunturas e somente contra a comodidade de determinadas pessoas.

Isso se constata observando que:

a) Multidões de pessoas cooperativas e apoiadoras lotam ginásios de esportes, casas de shows, templos religiosos etc.

b) Essas multidões de fãs apoiadores costumam ficar muito felizes com o sucesso de seu atleta, artista ou orador favorito.

c) As pessoas que compõe tais multidões são exatamente as mesmas que em outros contextos são chamadas de invejosas.

Mas se o invejoso é capaz de ficar feliz com a felicidade do outro, então quais são conjunturas e quais são as pessoas que deixam o invejoso oposto, angustiado com inveja?

eber hernandes

A pessoa fica desconcertada com inveja todas as vezes em que alguém a quem essa pessoa considera "mais fraca" ganha (ou ameaça ganhar muita comodidade).

Poque a pessoa (o invejoso) tem inveja nessas tais conjunturas contra essas tais pessoas?

Ele tem inveja nessas tais conjunturas contra essas tais pessoas porque a cultura, o pacto social abstrato, o sistema de tradições, a corrente social, o inconsciente coletivo estabeleceu que pessoas "menos fortes" devem ter menos conforto.

Assim, pessoas "mais fortes" recebem mais apoio e geram mais satisfação, e pessoas "menos fortes" recebem mais oposição e geram mais inveja, angústia.

No convívio coletivo temos regras, hierarquias, distintivos, departamentos que nos acostumam e que nos dirigem nesse sentido.

E uma ruptura nesse costume gera o desconcerto mundialmente conhecido como inveja.

Exemplo:

O grandioso Bill Gates fecha outro contrato para receber mais 20 milhões mensais, tudo bem.

Faxineira acerta os seis dezenas da loto e recebe 10 milhões, ferrou.

----

eber hernandes

Ao longo da história normalizou-se aplaudir a povos vitoriosos e castigar (ou exterminar) a povos perdedores.

De modo que, se um povo ou um grupo tido como fracassado recebe muita comodidade, gera-se estranheza, desconforto, oposição, inveja.

Pesquisa do grupo norte americano Times Mirror Center Mostrou que os povos mais odiados no nosso planeta são os mais atrasados.

E no geral, quem determina que um povo é mais adiantado ou mais atrasado (que outro) é o convívio coletivo.

Ou seja, há ai uma repulsa que é socialmente construída e mantida.

O convívio coletivo criou distintivos que nos fazem pensar que um diretor sofisticado e culto é "mais forte" que um pedreiro comum inculto.

E nossa teoria insinua que a inveja acontece quando essa estrutura social é contrariada, abalada.

Os 30 executivos diriam que faxineira e diretora são iguais. Na prática do dia a dia, porém, não se consegue tratar por igual (porque a força social que nos conduz é dominante).

Outro exemplo seria um juiz. Ele sabe que todos são iguais etc, mas no dia a dia não consegue dispensar ao

eber hernandes

porteiro do tribunal o mesmo capricho que dispensa a
um barão honesto, rico, sofisticado e muito culto.

eber hernandes

III

Os produtos e serviços destinados

aos "fracos"

Sabe-se que tanto a pessoa que veste roupas de faxineira quanto a pessoa que veste roupas de diretora são seres humanos igualmente sensíveis, mortais etc. Entretanto, conforme acabamos de ver, as pessoas no geral não conseguem dispensar a faxineira comum o mesmo capricho que dispensam a diretora sofisticada.

Na teoria todos dizemos que não temos preconceito, que não fazemos distinções, que tratamos a todos por igual etc, etc. Na prática, entretanto, dificilmente vemos alguém pedindo autógrafos a garis, a faxineiros, a mendigos ou a qualquer pessoa que (dentro das hierarquias sociais) é tida como inferior.

É evidente que conforme constatou Pierre Bourdieu na França – e conforme constatamos nós no dia a dia, *"as posições sociais só podem ser definidas quando em relação umas com as outras"*. Assim, uma sofisticada diretora, por exemplo, só é julgada mais importante diante de uma secretaria comum, em contexto trabalhista etc. Diante, por exemplo, de um grandioso astro internacional, a mesma diretora já não mais gozará do mesmo apreço. Ela talvez chegue a ser até empurrada e desprezada pela multidão fascinada pelo astro.

eber hernandes

Em absolutamente todos os casos, porém, o argumento aqui exposto segue harmônico, coerente, inalterado. Ou seja, tão logo passe a ser vista como menos "importante", a pessoa passa também a ser alvo de menos apreço – mesmo que tal pessoa seja muito rica, talentosa, etc; e, tão logo passe a receber mais apreço "do que deveria", a pessoa passa a gerar oposição, incômodo, inveja.

Aliás, a estrutura dos fatos mostra que no nosso planeta absolutamente tudo o que o homem fabrica destinado a pessoas tidas como mais "inferiores", tem qualidade também mais inferior. E essa interessante constante (esses produtos e serviços de qualidade inferior), mostra aquilo que está no abstrato.

Ou seja, esses produtos e serviços de má qualidade confirmam que uma parte da nossa mente é mesmo levada pelo referido costume social – costume esse que nos faz pensar que determinados humanos são inferiores e que humanos inferiores devem mesmo ter menos apreço, menos qualidade, menos alegria.

Inveja micro e inveja macro

Como víamos, em nosso planeta tudo o que se fabrica destinado a pessoas tidas como inferiores, tem qualidade inferior; além disso, vemos claramente a atuação de tal costume em diversas outras áreas. No campo das ciências, por exemplo, diversos intelectuais evolucionistas endossaram o extermínio de povos inteiros tidos como "fracos", que viviam na África, na Ásia e na Oceania no século XIX.

No campo religioso o homem criou divindades excessivamente punitivas para fazer sofrer aos humanos considerados errados, "fracos". Ao longo da história, todos

eber hernandes

os chamados países do terceiro mundo foram subjugados, invadidos, colonizados etc.

Tudo mostra, portanto, que a referida força social interfere na mente do executivo, do fabricante, do prestador de serviços, do cientista, do sacerdote, dos líderes políticos e de todo mundo que participa do convívio coletivo. Ou seja, a força social que faz com que o executivo siga tratando a faxineira "fraca" com menos apreço dentro da empresa é exatamente a mesma força social que faz com que o ser humano em geral, sinta desconcerto-inveja – quando um "fraco" ganha muito conforto.

Como se nota (ou conforme se há de notar à medida que se avança aqui na leitura), a postura do executivo preconceituoso constitui um exemplo da inveja camuflada nas formas micro de relações sociais. Já a postura de uma nação rica que judia de uma nação pobre constitui um exemplo de inveja camuflada nas formas macro de relações sociais.

Onde está a força social

Outro fato interessante que vai se clareando conforme avançamos aqui na reflexão, é que a força social que nos faz desconcertados de inveja, é a mesma que, em muitos casos, impede que o livre-comércio tenha um desempenho mais igualitário, mais equilibrado, mais justo. Isso porque tal força social nos faz inconscientemente opostos ao êxito e ao progresso das pessoas mais pobres ou "menos fortes".

Então, assim como a postura preconceituosa do executivo diante da faxineira "fraca" constitui um exemplo da inveja camuflada nas formas micro de relações, a postura também tendenciosa do mercado contra o conforto dos mais "fracassados", constitui um exemplo da inveja escondida nas formas macro de relações sociais. (E que o ouvinte conservador se tranquilize, pois que, o autor do presente trabalho jamais deixará de perceber a irrefutável beleza trazida pela proposta capitalista).

Vemos, de toda forma, a referida força social nas relações micro, nas relações macro, no campo abstrato, no mundo concreto, no dia a dia, nas ciências, nas religiões, na história e em toda parte do nosso planeta.

Eis a razão pela qual todas as pessoas civilizadas são um tanto invejosas. Todos aprendemos que os menos "fortes" – mesmo sendo pessoas muito talentosas, ricas etc, devem ter menos conforto. Todos ficamos, pois, um tanto angustiados se um sujeito que temos como muito medíocre ganha muito conforto.

Um mesmo pacto social

Hoje milhares de pessoas aceitam, apreciam, aplaudem a milhares de mulheres diretoras, modelos, artistas e empresárias livres e lindas mundo à fora – mulheres essas que foram libertas principalmente pelo cristianismo e pelo capitalismo.

E isso, essa aceitação, confirma que os humanos somos capazes de ficar felizes com a felicidade uns dos outros.

Aliás, esse mesmo fenômeno, essa mudança no comportamento machista agressivo, é observado em outros grupos que outrora eram mais racistas, xenofóbicos, nazistas, feministas etc. Ou seja, a princípio as pessoas portando tais comportamentos preconceituosos violentos, dão a impressão de serem completamente incuráveis. Mas, após passarem por conscientização correta, boa parte de tais pessoas deixa de ser tão hostil contra negros, deficientes, crianças, mulheres etc.

eber hernandes

Aliás, nós quando crianças pequenas nem temos tais oposições ferrenhas contra estrangeiros, negros, mulheres etc.

De toda forma, a mudança na postura machista violenta mostra que há alguns problemas que são construídos (e desconstruídos) pela própria sociedade; problemas que não são uma realidade biológica. E a presente teoria insinua que a inveja se inclui nesses problemas; ou melhor, a presente teoria insinua que a raiz principal de questões tais quais machismo, racismo, feminismo e inveja é a exatamente mesma.

Trata-se de um mesmo pacto social abstrato que nos faz pensar que determinadas pessoas são inferiores e que pessoas inferiores devem ter menos comodidades. A inveja é uma construção social assim como o são os demais problemas construídos pelo convívio coletivo.

A violência simbólica e a inveja

Aos maus tratos que a sociedade em geral dispensa, por exemplo, as pessoas mais pobres, o cientista francês Pierre Bourdieu chama de *violência simbólica*. E tal pensador concebe essa violência como fruto da construção social, já que, segundo ele, é a própria sociedade quem constrói os parâmetros de comparações etc.

Agora eu pergunto, qual seria a relação entre a violência simbólica e a inveja? Ou melhor, qual a relação entre os maus tratos que dispensamos as pessoas mais pobres e a inveja?

Sim, porque a estrutura da realidade mostra uma interessante e evidente relação entre esses dois problemas – relação essa que, aliás, jamais foi percebida e/ou explicada (antes do patenteamento do presente trabalho).

eber hernandes

Os experimentos de Bourdieu mostram que a violência simbólica acontece quando um aluno filho de pais pobres, por exemplo, tem sua vida desgraçada na escola por desprezos, bullying, educação de baixa qualidade etc. E a presente teoria mostra que a inveja se dá quando o oposto disso acontece. Ou seja, a inveja acontece quando um aluno filho de pais pobres não tem sua vida desgraçada na escola por desprezos, bullying, educação de baixa qualidade etc.

Em outras palavras, a inveja acontece quando um pobre (ou quando qualquer pessoa tida como menos "forte") recebe mais comodidade "do que deveria". A inveja acontece, portanto, quando há uma ruptura, uma quebra no costume dentro do qual estamos formatados.

Dito de outra forma, eu fico desconcertado quando acontece o oposto daquilo que o meu inconscientemente espera que aconteça. Oras, mas o que é que o meu inconsciente espera que aconteça? A parte menos consciente da minha mente espera que o sujeito que eu considero menos "forte", seja tratado com menos apreço e tenha menos comodidade (porque assim aprendemos que deve ser).

Quando o sujeito que é tido como "menos forte" é tratado com menos apreço e tem menos comodidade, acontece o "normal". Nesses casos acontece aquilo que Bourdieu explica, demonstra e denuncia; ou seja, acontece a *violência simbólica*.

Já quando o sujeito que é considero menos "forte" é tratado com muito apreço e tem muita comodidade, acontece o "desconcertante". Nesses casos acontece aquilo que eu explico, demonstro e denuncio; ou seja, acontece a inveja (que é um mal-estar, uma oposição, uma angústia, um desconcerto específico).

O ingressante e o fraco

eber hernandes

Então determinadas pessoas são consideradas novatas, inferiores ou *ingressantes* e são, portanto, vítimas de uma violência simbólica; por quê? Porque no convívio coletivo se é educado, acostumado, formatado para ver pessoas menos "fortes" terem menos conforto.

Por outro lado, o conforto e o apreço "excessivo" que pessoas consideradas novatas, inferiores ou ingressantes recebem, geram um mal-estar, uma inveja; por quê? Porque no convívio coletivo se é educado, acostumado, formatado para ver pessoas menos "fortes" terem menos conforto.

Ou seja, a força social que causa a violência simbólica e a força social que causa a inveja, é a exatamente mesma.

Como se vê, a violência simbólica explicada Bourdieu é composta pelos desprezos que são dispensados as pessoas "inferiores" – que ele chama de *ingressantes*. E a inveja por mim explicada é suscitada pelos apreços que são dispensados a essas mesmas pessoas – que eu preferi alcunhar de "fracas" e/ou de "menos fortes".

O conceito pejorativo

É interessante notar que no geral quando nosso conceito muda, quando passamos a ver alguém como "forte", deixamos de nos opor ao conforto desse alguém e passamos a ter até prazer em seu êxito.

Um dos muitos exemplos disso é a postura apoiadora das multidões diante da exuberância de sua atriz, atleta, escritora ou diretora favoritas. Esse tipo de fenômeno mostra que, ainda que eu seja um machista e que a outra pessoa seja uma mulher, eu posso passar a ter prazer no êxito dela, posso deixar de me opor a sua felicidade etc.

Ou seja, é totalmente possível deixar de sentir inveja de alguém.

eber hernandes

Por outro lado, quando eu passo a ter alguém como "fraco", eu passo a ter incomodo diante do êxito desse alguém (mesmo quando esse alguém é masculino ou talentoso etc). Um dos vários exemplos disso é a postura um tanto angustiada de tantas pessoas diante do êxito do irmão, do marido, do colega de serviço, do vizinho, do chefe, do artista brega etc.

Aliás, no tocante ao racismo observamos exatamente a mesma constante: Quando eu passo a ver alguém como "forte" eu deixo de me opor ao conforto desse alguém e passo a ter prazer em seu êxito – mesmo quando tal pessoa é negra. De modo que temos centenas de negros que são atletas, atores, escritores, oradores e que são apoiados e aplaudidos por multidões mundo à fora. Por outro lado, temos centenas de homens brancos que no dia a dia são tratados como pano de chão por serem tidos como inferiores, "fracos" – mesmo sendo masculinos, brancos etc.

Dito com outras palavras, não é necessariamente o fato de a pessoa ser do sexo feminino ou ser de pele escura o que determina a minha oposição a felicidade de tal pessoa.

Há um costume, uma força social por trás de problemas tais quais o machismo, o racismo e a inveja. Tal força social faz com que sintamos oposição e angústia inclusive em relação alegria de pessoas que não são mulheres e que não são negras – bastando, para tanto, que mantenhamos sobre tal pessoa um conceito pejorativo.

Quando se forma

a inveja

Aliás, graças a referida força social, pessoas que não são machistas nem racistas também podem ter angústia diante do êxito de determinadas mulheres e de determinados

eber hernandes

negros. Assim, uma mulher feminista, por exemplo, pode sentir mal-estar e inveja diante do êxito de uma outra mulher; e, da mesma forma, um negro antirracista pode sentir mal-estar e inveja diante do êxito de um outro negro – conforme, aliás, acontece em determinadas conjunturas.

Falamos, portanto, de uma força social que, embora seja a criadora principal desses problemas (machismo, racismo e feminismo), vai além. De modo que, problemas tais como machismo e racismo são como galhos de uma grande árvore. É possível que se corte os galhos e que a árvore continue viva.

Dito de outra forma, é possível que mesmo depois de resolvidos completamente o meu machismo e o meu racismo eu continue incomodado com o êxito de alguma mulher ou com o êxito de algum negro – bastando, para tanto, que eu mantenha sobre tal pessoa, um conceito pejorativo.

Aliás, como se nota, é possível que eu fique incomodado com o êxito de qualquer pessoa independentemente da cor, do gênero, da classe socioeconômica etc. Se no meu juízo determinada pessoa é "medíocre" demais para desfrutar de determinada conquista, eu hei de estar um tanto incomodado presenciando tal conquista.

Vemos, a partir de tal explicação; ou melhor, vemos a partir da estrutura da realidade, que nem todas as oposições contra a felicidade da mulher acontecem por machismo, nem todas as oposições contra a felicidade do negro acontecem por racismo, e assim por diante. A raiz, a parte principal da questão toda é o costume, o sistema social. Sistema esse que nos faz pensar que pessoas com determinadas características são inferiores, e que pessoas inferiores não podem ter muita alegria.

Assim, quando, por exemplo, a mulher é tida como "inferior" forma-se uma oposição mais densa ao conforto da mulher cujo nome é machismo; quando o negro é tido como "inferior" forma-se uma oposição mais dessa ao conforto do

eber hernandes

negro, cujo nome é racismo; quando o homem é tido como "inferior" forma-se uma oposição mais densa ao conforto do homem, cujo nome é feminismo; e quando qualquer pessoa é tida como "inferior" (incluindo negros, brancos, mulheres, homens, intelectuais, nécios, ricos, pobres etc) forma-se uma oposição mais densa ao conforto de tais pessoas cujo nome é inveja.

eber hernandes

Resumo

(com esclarecimentos)

Embora costumamos dizer que tratamos a todo mundo por igual, na prática dificilmente se vê alguém pedindo autógrafos a mendigos nas ruas.

De acordo com o francês Pierre Bourdieu, "as posições sociais só podem ser definidas quando em relação umas com as outras".

Assim, uma diretora rica e sofisticada só há de ter prestígio no contexto do trabalho etc.

Em meio à multidão em um show a mesma diretora pode até ser empurrada pela multidão fascinado pelo astro estrela da noite.

eber hernandes

Entretanto, em absolutamente todos os casos, o argumento trazido pela presente teoria segue inalterado; ou seja:

a) Passou a ser tido como "menos forte", passou a receber menos apreço.

b) Esse processo há de acontecer ainda que a pessoa seja rica, culta, diretora, honesta etc.

c) Se um "menos forte" receber ou ameaçar receber mais apreço (do que deveria) ele há de gerar incômodo, desconcerto, estranheza, inveja.

Em nosso planeta toda a estrutura, todos os moveis, todos os imóveis, todos os objetos, produtos e serviços destinados ao "menos fortes" tem qualidade inferior.

Por quê?

a) Porque pensamos que há humanos "menos fortes".

b) Porque pensamos que humanos "menos fortes" devem ter menos comodidade.

A raiz de problemas tais quais machismo, xenofobia, nazismo, racismo, feminismo é a mesma: "os menos fortes" tem que ter menos comodidade.

Um "menos forte" tendo muita comodidade gera estranheza, mal-estar, inveja.

---

eber hernandes

Não é bem o fato de a pessoa ser do sexo feminino ou ser de pele escura o que gera a oposição e a angústia; mas sim o fato de a pessoa ser tida como "menos forte".

Exemplos:

a) Milhares de negros atletas, atores, empresários milionários aplaudidos por multidões de brancos racistas (por serem tidos como "mais fortes").

b) Milhares de negros pobres e/ou "menos fortes" detestados por antirracistas (por serem tidas como "menos fortes").

c) Milhares de mulheres atletas, atrizes, empresarias milionárias aplaudidas por homens machistas (por serem tidas como "mais fortes").

d) Milhares de mulheres pobres e/ou "menos fortes" detestadas por mulheres feministas (por serem tidas como "menos fortes").

e) Milhares dos homens brancos "menos fortes" sofrem oposição e desprezos (mesmo sendo masculinos e brancos).

O que atesta que se trata de construção social e, portanto, de algo desconstruível?

a) Machista perturbado opositor passa a gostar do êxito da mulher (madame empresária luxuosa).

eber hernandes

b) Branco racista perturbado opositor passa a ficar feliz com o sucesso do negro milionário genial.

Pensadores como Bourdieu já haviam percebido, estudado e explicado muito bem a violência simbólica.

Ninguém jamais havia percebido, estudado, e explicado e relação que há entre a violência simbólica e a inveja:

A violência simbólica é aquilo que acontece quando um ingressante (ou um "menos forte") é tratado com pouco apreço.

A inveja é aquilo que acontece quando ingressante (ou um "menos forte") é tratado com muito apreço.

De acordo com a presente teoria, a violência simbólica e a Inveja são causadas pela mesma força social.

O grandioso pacto social abstrato gerador da inveja tem outros "galhos":

Quando um grupo de pessoas veem a mulher como "menos forte" gera-se um problema a que se nomeou de machismo. O conforto exagerado dessa mulher tida como "menos forte" vai gerar angústia, oposição, inveja em quem ainda a vê como "menos forte".

Quando um grupo de pessoas veem o negro como "menos forte" gera-se um problema a que se nomeou de racismo. O conforto exagerado desse negro tido como "menos forte" vai gerar angústia, oposição, inveja em quem ainda o vê como "menos forte".

eber hernandes

Quando um grupo de pessoas veem o homem como
"menos forte" gera-se um problema a que se nomeou de
feminismo. O conforto exagerado desse homem tido
como "menos forte" vai gerar angústia, oposição, inveja
em quem ainda o vê como "menos forte". E assim por
diante.

eber hernandes

IV

Quem não é líder

e quem não tem dinheiro

Se a inveja é um veneno ingênito (que corre nas veias humanas), então por que há tantas pessoas prósperas que não nos suscitam inveja? Porque não se tem inveja diante, por exemplo, da exuberância de árvores lindas, frondosas e cheias de frutos doces? Porque os humanos em geral não ficam doloridos de inveja diante das magníficas qualidades dos ursos, dos tigres etc?

Um estudo conduzido pela antropóloga Peggy Reevers Sandy mostrou que os lugares, épocas e contextos em que as mulheres são mais violentadas são aqueles nos

43

eber hernandes

quais elas não são tidas como importantes, como líderes, como pessoas que tem autoridade na comunidade etc. Ou seja, no geral somente as mulheres "fracas" são estupradas.

Claro que isso não significa que haja pouca violência contra os homens no nosso planeta. De toda forma resultados tais parecem confirmar que há um tipo de machismo que não é uma realidade biológica (visto que, não são todos os homens que estupram ou que agridem a mulheres). Além disso esses homens agressores estupradores não violentam a todos os tipos de mulheres. Conforme mostram os estudos, eles se impõem somente contra mulheres tidas como inferiores, "fracas".

Ora, mas porque pensamos que a pessoa que, por exemplo, não é líder ou que não tem dinheiro é inferior? Porque o convívio coletivo construiu o costume que nos faz pensar assim. E por que pensamos que quem é considerado inferior deve ter menos conforto? A estrutura dos fatos mostra que o convívio coletivo construiu o costume que nos faz pensar assim.

Mas o que é que a inveja tem a ver com isso? Quando a inveja vai acontecer? A inveja vai acontecer quando a pessoa que "deveria ser tratada como um lixo" for tratada como uma madame fina sofisticada; ou seja, a inveja acontece quando o sistema de tradições abstrato sofre esse abalo, essa ruptura.

A coletividade estabelece regras, sistemas e procedimentos que nos tornam formatados e habituados em tal sentido. De forma, que em geral quando uma pessoa muito "fraca" ganha muito conforto, ficamos um tanto desconcertados.

O convívio coletivo estabelece, por exemplo, que um médico é mais importante do que um enfermeiro, um juiz é mais importante do que um advogado, um engenheiro é mais importante do que um pedreiro e assim por diante.

Então, voltando ao assunto, pensamos que a pessoa que não é líder ou que não tem dinheiro é inferior, e pensamos também que quem é "inferior" deve ter menos

eber hernandes

conforto. Por quê? Porque o convívio coletivo construiu o costume que nos faz pensar assim.

Conforme víamos, o convívio coletivo estabelece esses tipos de distinções entre caçador bem-sucedido e caçador fracassado, tribo vencedora e tribo fracassada, médico e enfermeiro, juiz e advogado e assim por diante; e escondido nessas distinções vai misturado o problema/costume aqui exposto.

É claro que, dentro do nível de evolução e da capacidade intelectual do povo de determinada época, esse modo de lidar e de resolver as coisas se apresenta como o melhor possível. Tem-se, assim, que pagar melhor salário a uns do que a outros, por exemplo.

Ou seja, somos meio que forçados a revigorar a ideia de que uns humanos são mais "importantes" do que outros; ou seja, trata-se de procedimentos e de construções sociais que não nascem necessariamente em decorrência de maldade ou de má intenção.

No geral, o engenheiro da obra ganha melhor salário do que o pedreiro porque o engenheiro estudou mais, ou tem certos potenciais mais desenvolvidos, ou tem certas responsabilidades etc. Em outras palavras, o engenheiro não é mais bem pago porque se quer promover injustiças, ser mal, criar um sistema que gera angústia, destruição e inveja nas pessoas. Ou seja, a raiz, o fontal que dá origem a inveja não é necessariamente uma intenção perversa.

É claro que inclusive as pessoas muito ricas são também afetadas e prejudicadas pela inveja. O rico sofre, por exemplo, porque ele também é invadido por certa angústia todas as vezes em que ele vê alguém muito "fraco" ganhar muita comodidade etc. Mas essa questão será melhor colocada mais adiante.

Inveja pode ser diferente

eber hernandes

de maldade

Então, conforme víamos, misturado e escondido nesse salário mais alto a uns e mais baixo a outros, nessas divisões de cargos, nessas hierarquias sociais etc, acontece uma passada a diante na referida força social, no referido costume. Ou seja, misturado e escondido acontece a força social antiquíssima que nos deixa desconcertados quando alguém "menos forte" ganha muito apreço ou muita comodidade.

E sem perceber nem entender esse interessante e irrefutável processo – em que se costuma valorizar mais a uns do que a outros humanos, os estudiosos misturam tudo. Ou melhor, sem perceber a interessante relação que há entre esse processo e a inveja, os estudiosos misturam tudo. Pensam que o homem é invejoso porque é mau e que a inveja é mais uma prova de que o homem é mesmo perverso. Daí encerra-se o assunto.

Que há na genética humana algo que faz com que o homem seja mau, não há dúvida – a quantidade e a intensidade das atrocidades cometidas pela humanidade ao longo dos tempos parece bastar para fazer de tal constatação algo irrefutável. Por outro lado, que há hierarquias em nossas sociedades e que a quebra abrupta dessas hierarquias gera desconforto no homem, também parece ser algo irrefutável.

Embora o homem tenha sim um tipo de maldade ingênita, é plenamente possível que a inveja seja um fato social. Aliás, é possível que, mesmo sendo mal, o homem construa coisas boas. Há, como se nota, muitas construções, criações e invenções humanas que nascem de boas intenções e que, com o passar do tempo, se convertem em graves problemas. E é claro que seria equivocado assegurar que essas invenções que depois se convertem em tais problemas, nasceram exatamente pelo fato de o homem ser

eber hernandes

biologicamente venenoso – visto que, a intenção fontal era boa.

Ou seja, nem sempre a invenção ruim e a maldade genética são a mesma coisa; e, da mesma forma, nem sempre a inveja e a maldade genética são a mesma coisa. É possível, pois, que o homem tenha construído a inveja por outros motivos (que não por sua maldade genética). Ou melhor, é possível que o convívio coletivo tenha construído a inveja sem que a inveja seja um traço biológico do homem.

Aliás, a medida que ganhamos melhor compreensão sobre a verdadeira essência e sobre o verdadeiro mecanismo de funcionamento do problema, vamos constatando ser mais possível (e mais provável) que o homem tenha tal angustia (a inveja) por querer que o bem, o justo e o correto prevaleçam (e não necessariamente por conta de sua maldade milenar.

eber hernandes

Resumo

(com esclarecimentos)

Se a inveja é ingênita, então por que não invejamos a tanta gente próspera – sendo que em muitos casos eles estão muito melhores que nós?

Se a inveja é ingênita, então porque não invejamos a tantos pássaros, ursos, árvores, golfinhos – sendo que em muitos casos eles são mais habilidosos, vivem mais livres e tem mais liberdade do que nós?

O convívio coletivo construiu um sistema de relações em que o médico é melhor que o enfermeiro, o juiz é melhor

eber hernandes

do que o advogado, o engenheiro é melhor do que o
pedreiro e assim por diante.

A raiz que está na construção da inveja não é má
intenção. Com a divisão de papeis se quer organizar e
harmonizar o convívio coletivo.

E depois, em decorrência de boa intenção, fica-se
desconcertado – quando essa divisão e esse sistema são
quebrados.

Ficamos desconcertados justo porque queremos que o
justo e correto aconteça – ou seja, ficamos
desconcertados porque queremos que os "menos fortes"
tenham menos comodidade.

É interessante reparar e frisar que o rico não é
totalmente favorecido pelo sistema de tradições causador
da inveja (ou dos maus tratos aos "menos fortes").

Exemplo:
a) Ele é invadido por angústias contra os "menos fortes"
que prosperam (incluindo irmão, esposa, marido, socio
etc).

b) Ele objeto dos bloqueios e da oposição de todos
aqueles que, por qualquer motivo, o tem como "menos
forte".

50

V

Os pobres milionários e a aceitação
dos fãs

Nas décadas mais atuais muitas pessoas aceitam e até gostam que, por exemplo, a Madona seja cantora milionária e famosa, que o Will Smith seja o protagonista de grandiosos filmes, que o Daniel Craig seja o poderoso agente secreto James Bond etc.

Como se nota, a Madona é mulher e era considerada inferior por ser mulher, o Will Smith é negro e era considerado inferior por ser negro, o Daniel era pobre e era considerado inferior por ser pobre. Ou seja, eles (o negro, a mulher e o pobre) recebiam tratamento um tanto violento e desprezível em diversas épocas e lugares em nosso planeta por serem tidos como inferiores, "fracos".

Ora, a inveja é exatamente esse tratamento um tanto violento e desprezível, essa oposição, esse incômodo que temos em relação a possibilidade de conforto "excessivo" de determinadas pessoas – as que inconscientemente temos como "inferiores". E o fato de tantas pessoas conseguirem deixar de se opor ao conforto "excessivo" dessas determinadas pessoas (como no caso da Madona e do Will Smith) atesta que a inveja não nos é um traço biológico, fixo, imutável.

Tal realidade (o fato de a mulher, o negro e o pobre tornarem-se poderosos e aplaudidos) confirma que a inveja é uma construção social desconstruível; visto que, se a oposição que temos ao conforto dos mais "fracos" nos fosse um traço biológico fixo, tais fenômenos não se dariam da forma como se dão.

51

eber hernandes

Se a inveja nos fosse um traço ingênito não conseguiríamos aceitar com paz e com alegria o sucesso gigantesco de tantas mulheres, negros e pobres que, graças ao capitalismo, se convertem em pessoas tão ricas, poderosas e exuberantes em nosso planeta.

A construção e a inversão

dos papeis

Um tubarão limão autoritário e violento que vivia no século XVII, por exemplo, não se torna submisso a um peixe fraco. Lá atrás no século XVII ele devorava aos peixes menores e agora no século XXI ele segue devorando aos peixes menores com a mesma voracidade de antes. No entanto, muitas pessoas brancas se tornam súditas de pessoas negras (que eram tidas como "fracas"); muitas pessoas masculinas se tornam submissas a pessoas femininas (que eram tidas como "fracas"); muitas pessoas ex-ricas se tornam empregadas de pessoas ex-pobres e assim por diante.

Os tubarões limões (que devoram inclusive a outros tubarões "fracos") não aceitam facilmente tais mudanças, pois, tal comportamento agressivo faz parte da realidade biológica deles. Nós humanos, pelo contrário, aceitarmos e até gostarmos de tais mudanças (em que o negro, a mulher e o pobre tornam-se poderosos). Por quê?

Porque, como tenho dito, entre nós humanos quem constrói e desconstrói o conceito de mais importante e de menos importante somos nós mesmos; é a própria sociedade.

Eis, pois, uma das razoes pelas quais a presente teoria insinua que a referida inveja é uma questão construída pelo convívio coletivo. A inveja é um fato social.

eber hernandes

Uma postura que precede ao surgimento

do livre comercio

Pierre Bourdieu, conforme víamos há pouco, é um dos cientistas que comprovam com maior rigor científico a existência de forças sociais que fazem com que as pessoas mais pobres sofram mais em nosso planeta.

Entretanto ele, assim como os demais membros da comunidade cientifica, não percebe a evidente e irrefutável relação que há entre tais forças sociais e a inveja.

Ora, sendo tal relação tão evidente, então porque Bourdieu não a percebe? Talvez esse ignorar se deva ao fato de a mente de Bourdieu estar um tanto tomada pela proposta socialista. Assim, tanto Bourdieu quanto Karl Marx, Foucault etc concebem a força social causadora de pesares aos mais pobres como um problema trazido pelo capitalismo etc.

Acontece, porém, que sendo a referida força social trazida pela ganância e pela avareza do capitalismo, então não se consegue explicar, por exemplo, o fato de essa força social existir desde milênios antes de nascer o capitalismo: A história mostra que as pessoas tidas como perdedoras ou como inferiores são castigadas e dizimadas no nosso planeta há milênios; ou seja, não é o advento do capitalismo o que faz com que um ser humano comece a judiar do outro ser humano.

Sendo a referida força social construída pela avareza do capitalismo não se consegue explicar, também, a inveja que acontece desde milênios antes do advento do capitalismo; já que, a história mostra que a alegria "excessiva" das pessoas tidas como perdedoras (ou como inferiores) gera mal-estar e inveja há milênios no nosso planeta. Ou seja, como se disse, não é o advento capitalismo o que faz com que o ser humano comece a sentir inveja.

Não é o capitalismo quem faz com que passe a ser necessária a punição dos "menos fortes" e também não é o capitalismo quem faz com que o conforto de tais pessoas (as "menos fortes") comece a gerar incômodo-inveja. Em outras palavras não é precisamente o livre comercio quem instaura a barbárie no nosso planeta, pois, como se sabe, a barbárie horrenda com extermínio de povos inteiros etc, precede a existência do capitalismo.

Quando a meritocracia

não funciona

Aliás, não obstante a suas imperfeições, o livre-comércio é uma ideia que tenta permitir que as pessoas coloquem seus dons e talentos a serviço uns dos outros. Assim, através do interesse e do esforço, todos ficariam razoavelmente equilibrados e felizes.

Dentro de tal proposta bastaria o funcionário chão de fábrica, por exemplo, se esforçar, se aprimorar, montar seu próprio negócio, oferecer um bom produto, e tudo estaria razoavelmente resolvido.

Isso, segundo minha hipótese, se não houvesse uma antiga e abrangente força social azedando a vida dos humanos tidos como "fracos". Mas, como existe sim uma antiga e abrangente força social interferindo e distorcendo nossas vontades mais nobres, então, não obstante as expressivas melhoras trazidas pela filosofia grega, pela tradição judaico e cristã, pelo direito romano etc, ainda há milhares de casos em que determinadas pessoas estudam mais, trabalham mais, produzem mais e mesmo assim recebem tratamento e recompensas inferiores. Por quê? Porque determinadas pessoas estudam mais, trabalham mais, produzem mais e mesmo assim recebem tratamento e recompensas inferiores?

eber hernandes

A estrutura dos fatos mostra que isso acontece principalmente porque em tais conjunturas essas pessoas são tidas como "inferiores". Ou seja, esse tipo de processo injusto e "normal" é provocado principalmente pela existência do costume coletivo aqui exposto. Costume esse que nos faz ter como normal e correto que humanos mais "fracos" tenham mais sofrimento.

De modo que se, por exemplo, uma auxiliar de serviços 'chão de fábrica' ameaça abrir seu próprio negócio luxuoso, ou ameaça se casar com o milionário dono da empresa etc tendemos a ficar um tanto desconcertados. Conforme crescemos e saímos da infância, vamos passando a estranhar a possibilidade de uma pessoa considerada tão inferior, ter tamanho privilégio.

De acordo com a cultura que nos acostuma e que nos dirige, o normal e correto é que o referido milionário se case com uma madame considerada mais importante, mais "forte" – ainda que essa madame se esforce menos, estude menos, produza menos e seja menos honesta do que a referida funcionária (chão de fábrica).

Ou seja, ainda que o livre comercio empregue bastante esforço em ser justo e em distribuir os recursos e as oportunidades de acordo com o merecimento de cada pessoa, tais esforços seguem sendo um tanto impedidos. Por quê? Porque a humanidade está acostuma, formata, educada de acordo com o inconsciente coletivo. Inconsciente esse que nos faz ficar desconcertados, que nos faz achar absurdo que determinadas pessoas gozem de determinados benefícios.

Foi o pensador Adam Smith quem disse que uma espécie de 'mão invisível' contribuiria para o equilíbrio do livre comercio. A estrutura dos fatos mostra, entretanto, a atuação dessa outra força impedindo um melhor desempenho da referida mão invisível.

Ou seja, a estrutura dos fatos mostra que em inúmeros casos o mercado segue desequilibrado e injusto, e a presente teoria sugere que a força social impedidora de um melhor equilíbrio do mercado é, em muitos casos,

eber hernandes

exatamente a mesma força social que faz com que o ser humano sinta inveja.

E a presente teoria sugere que tal força é exatamente o motivo pelo qual o homem sente uma angústia universalmente conhecida como inveja.

Resumo

(com esclarecimentos)

A inveja é construção social desconstruível. Exemplos:

a) A cantora Mariah Carey é bastante aplaudida e engradecida por suas multidões de fãs mundo a fora. Ela é mulher e a mulher era tida como inferior em outras épocas e contextos – a mulher não podia ter muita comodidade.

b) O ator Will Smith é bastante aplaudido e engradecido por suas multidões de fãs mundo a fora. Ele é negro e o negro era tido como inferior em outras épocas e contextos – o negro não podia ter muita comodidade.

c) O sacerdote Joe Osteen é bastante aplaudido e engradecido por suas multidões de fãs mundo a fora. Ele era pobre e o pobre era tido como inferior em outras épocas e contextos – a pessoa pobre não podia ter muita comodidade.

Se a inveja nos fosse um traço genético (e, portanto, fixo) não conseguiríamos passar a ter prazer na alegria de pessoa as quais outrora éramos opostos.
Um tubarão limão impostor e autoritário (do século XVII), por exemplo, hoje (no século XXI) segue tão impostor e tão autoritário quanto antes.

Já entre nós, humanos, é diferente:

eber hernandes

a) Pessoas brancas se tornam súditas de pessoas negras (que eram tidas como inferiores).

b) Pessoas masculinas se tornam súditas de pessoas femininas (que eram tidas como inferiores).

c) Pessoas ex-ricas se tornam subalternas de pessoas ex-pobres (que eram tidas como inferiores)

ou seja, não se trata de realidade biológica. Somos nós quem constrói (e descontrói) a ideia de "mais forte" e de "menos forte".

O incansável sociólogo francês Pierre Bourdieu mostra forças sociais prejudicando aos que ele nomeia de "ingressantes". Tais forças impõe aos ingressante a dor que Bourdieu chama de "violência simbólica". Entretanto nem Bourdieu nem nenhum dos demais cientistas do nosso planeta jamais havia percebido e mostrado a relação que há entre a "violência simbólica" (que amargam a vida dos "mais fracos") e a inveja – quem fez o importante trabalho de perceber e de mostrar esse tipo de relação (entre, por exemplo, "violência simbólica" e inveja) é o autor do presente trabalho.

Outro ativíssimo filosofo, também francês – Michel Foucault, denuncia as forças sociais que, segundo ele, aliadas ao poder, amargam a vida dos loucos, pobres, marginalizados etc. Não obstante, nem Foucault nem nenhum outro cientistas havia percebido, e/ou apresentado uma teoria completa, explicando a relação que há entre essas forças sociais e a inveja. Quem faz isso (explicar a relação entre tais forças sociais e a inveja) é o livro O Mistério da Inveja, que foi patenteado em 14 de agosto de 2014.

eber hernandes

Outro famoso e obstinado sociólogo francês chamado Émile Durkheim descobriu e explicou que o suicídio é um fato social. Porém, Durkheim também não percebe e, portanto, não mostra a relação que há entre o suicídio e a inveja. A presente teoria insinua que a força social causadora do suicídio é, em inúmeros casos, exatamente a mesma força social que faz com que o ser humano sinta inveja.

A antropóloga Peggy Rivers Sandy fez estudos sobre assuntos tais quais o estupro (como imposição machista contra a mulher etc). No entanto, nem ela nem nenhum dos demais cientistas do nosso planeta percebem e/ou mostram a relação que há entre o estupro e a inveja. Através do presente trabalho notar-se-á que a força social que leva ao estupro é, em muitos casos, a mesma força social causadora da inveja.

A filosofa francesa Simone de Bouvoir escreveu coisas tais quais O segundo Sexo etc. Porém, nem ela nem ninguém (antes de O Mistério da Inveja) apresentou uma teoria completa mostrado a relação que há entre o sistema feminista/machista e a inveja.

O genial filosofo escocês Adam Smith escreveu trabalhos tais quais A Riqueza das Nações e refletiu bastante sobre "a mão invisível" que, segundo ele, regula o mercado. Acontece que Adam também ignora a relação que há entre a aludida "mão invisível" e a inveja – quem faz isso (quem mostra tal relação) é o presente trabalho.

Em Homo Sapiens o historiador israelita Yuval Noah Harari, explica forças sociais que geram o que ele chama de "histórias imaginárias". Mas, assim como os demais pensadores, o Yuval também não percebe e, portanto, não mostra a relação que há entre essas "histórias imaginárias" e a inveja.

eber hernandes

O polonês Abraham Joshua Heschel foi um grandioso ativista antirracista. Entrementes ele jamais percebeu e jamais apresentou uma teoria completa mostrando a relação que há entre o sistema racista e a inveja. Conforme foi dito, quem faz esse tipo de associação é a harmônica e interessantíssima teoria exposta no livro O Mistério da Inveja.

Psicanalistas tais quais Sigmund Freud e Karen Horney se contrapõe – ou se contradizem. Freud diz que o correto é dizer que é a mulher quem tem inveja do pênis, enquanto a Karen diz que o correto é dizer que é o homem quem tem inveja da vagina. Isso se dá, ao menos em parte, porque antes da existência da teoria "sobre a inveja que a humanidade construiu" exposta no livro O mistério da Inveja, nem Freud nem a Karen percebiam a inveja como construção social.

A aludida teoria constitui o primeiro trabalho no mundo a perceber e a explicar a inveja como construção social. Aliás, O Mistério da Inveja é o primeiro livro em nosso planeta a perceber e a explicar a relação que há entre a inveja e os 20 problemas seguintes:

1) Violência Simbólica; 2) Trabalho Escravo; 3) Suicídio; 4) Machismo; 5) Estupro; 6) Feminismo; 7) Mão Invisível; 8) Histórias Imaginárias; 9) Racismo; 10) Arquitetura Periférica; 11) Miséria de Gente Talentosa; 12) Mágoa; 13) Hipocondria; 14) Falsidade Coletiva; 15) Ciúme e 16) Teoria da Evolução; 17) Fracasso dos Autoajudas; 18) ECA- Estatuto da Criança e do Adolescente; 19) Estatuto do Idoso; 20) Culto a Pobreza.

----

eber hernandes

Porque o negro, a mulher e o pobre passam a ser gerentes, diretores, presidentes, proprietários e milionários?

Porque a proposta capitalista cria, disponibiliza e preserva hierarquias. A proposta capitalista permite que os humanos coloquem seus dons, talentos e esforços a serviço uns dos outros.

Mas porque através do esforço e do interesse não temos uma situação ainda mais equilibrada? Por que tanta gente esforçada e talentosa envelhece e morre na miséria?

Não bastaria o chão de fábrica se esforçar, montar seu próprio negócio, oferecer um bom produto e servir bem a humanidade (para que ele ficasse bem de vida)?

Por que isso não basta?

É possível que tenha havido civilização antes dos filósofos pré-socráticos, por exemplo. Civilizações que possivelmente construíram a inveja. Civilizações que eram menos civilizadas do que as civilizações pós-socráticas.

A filosofia grega, a tradição judaica e cristã e o direito romano trouxeram melhoras.

Mas ainda temos o império do pacto social gerador da inveja.

Eis uma das principais razoes pelas quais tanta gente estuda mais, trabalha mais, se esforça mais, produz mais e, mesmo assim, recebe tratamento e recompensas inferiores. Por quê? Porque são tidas como "menos fortes".

61

eber hernandes

Exemplo:

Funcionária chão de fábrica esforçada se casa com o milionário proprietário da corporação; gera estranheza, oposição, inveja.

O mais comum e mais aceito é que ele se case com uma madame fina rica; ainda que essa madame seja menos talentosa, menos esforçada, menos honesta, menos produtiva do que a chão de fábrica.

Um "menos forte" ter muita comodidade gera estranheza desconcerto, mal-estar.

Eis porque o livre comercio ainda não consegue distribuir e galardoar de acordo com o esforço e com o mérito.

Como se nota, a mesma força social que gera a inveja, atua também no impedimento de um mercado mais justo e mais equilibrado.

Eis exposta a essência da inveja e seu mecanismo de funcionamento.

----

eber hernandes

eber hernandes

VI

O idioma formal e a sorte

do porteiro

Se em uma cerimônia elegante o orador culto fala o português todo errado, ele gera certo incomodo na plateia. E em geral esse incômodo se dá porque a tradição, a escola, o sistema de convívio social nos ensinaram que o correto é falarmos de determinada maneira. Incomoda-nos o contrário disso, ou o português errado, porque queremos que o correto aconteça. Aliás, o uso da língua portuguesa no Brasil é um interessante exemplo de formatação social, visto que tal idioma nem é do Brasil e, mesmo assim, todos os brasileiros somos acostumados a usar tal idioma.

Somos, portanto, "vítimas" de um costume, de um sistema social que nos faz ter como normal e correto falar essa língua estrangeira. E temos tal formatação tão bem instalada em nossa mente, que chegamos a ter certo mal-estar diante de frases do tipo; *"Senhores pai, o senhores é os primeiro"*. No geral não gostamos muito de ouvir tais tipos de concordância etc porque nos foi incutido na mente que o normal e correto seria dizer; *"Senhores pais, os senhores são os primeiros"*.

Da mesma forma, aprendemos que médico deve ter tratamento de médico, enfermeiro deve ter tratamento de enfermeiro, porteiro deve ser tratado como porteiro e assim por diante. De modo que, se torna fácil notar que o desconcerto que sentimos diante da alegria do porteiro que acaba comprar um carrão luxuoso é bastante parecido com o desconcerto que sentimos diante do orador elegante que fala o português todo errado.

Nos dois casos trata-se de um abalo nos costumes, na tradição, na corrente social que conduz a parte inconsciente da nossa mente.

eber hernandes

Assim, quando eu exijo que o orador fale o português dentro do padrão culto, eu estou seguindo a formatação social que me foi incutida na mente; e, quando eu exijo que o sujeito medíocre permaneça dentro de seu padrão medíocre, estou de novo seguindo a formatação social que me foi incutida na mente.

Em ambos os casos eu consciente ou inconscientemente espero que aconteça aquilo que eu aprendi como sendo o normal e correto.

Olhando, pois, por essa ótica notamos ser mais provável que o homem sinta esse desconcerto (essa angustia chamada inveja) por querer que o justo e correto prevaleça – e não necessariamente por conta de sua maldade genética.

O incômodo parece ser

particular

Mas, se é assim, pergunta alguém, se essa inveja é efeito de uma construção social geral, então por que em tantos casos acontece de somente eu estar incomodado com o êxito de outra pessoa?

Uma das razões para isso pode ser a importância que tem para mim, aquela conquista que a tal pessoa alcançou; outra razão seria o meu sentimento de injustiça (que, aliás, sempre vai acompanhado ao desconcerto-inveja); uma outra razão para que se tenha a impressão de que somente eu estou incomodado com o êxito de outra pessoa é o fato de a minha concepção concernente aquela determinada pessoa, ser pejorativa.

É possível, por exemplo, que um elegante e aplaudido bilionário seja para mim um medíocre desprezível. Isso por conta do fato de ele apresentar sotaque nordestino, ou por usar determinado tipo de vestimentas, ou

eber hernandes

por pertencer a determinada religião, ou por defender a determinado partido político etc, etc. Em tais casos, embora a ótica alheia tenha tal pessoa como uma grandiosa e respeitável personalidade, eu vou ter incômodo diante da intensidade dos aplausos que lhe são dispensados.

Daí ter-se a impressão que estou enfrentado um problema psicológico particular.

A inveja exterior, geral

e coercitiva

Entrementes, a estrutura dos fatos mostra que quando eu exijo que uma pessoa "medíocre" tenha menos mordomia (do que uma pessoa sofisticada) eu estou sendo levado por um costume que já está no mundo antes de eu nascer – costume esse que é, portanto, exterior a mim; estou acompanhando um padrão que já é seguido por outras milhares de pessoas – padrão esse que é, portanto, geral; e, estou sendo levado/forçado inclusive por minha formação social inconsciente – formatação essa que me é coercitiva.

Ou seja, a estrutura da realidade mostra que a referida exigência (que a pessoa "medíocre" tenha menos mordomia) se deve principalmente a interferência de um sistema social exterior, geral e coercitivo em minha mente. Ou seja, geralmente não se trata de um problema particular individual, que se passa exclusivamente com um único indivíduo.

Aliás, quando uma pessoa se suicida tendemos, da mesma forma, a concluir que o suicídio também é decorrência de uma questão principalmente psicológica, individual – e   não de uma realidade exterior e geral. Ou seja, quando uma pessoa abrevia sua própria vida tendemos

eber hernandes

a ignorar que o suicídio é, em geral, uma construção social e que há forças sociais que levam a pessoa a tal prática.

Contudo, quando se olha mais para dentro ou por outro ângulo (como fez Durkheim no campo do suicídio), se nota que há mais pessoas sendo levadas pela mesma força social e tendo, como efeito, o mesmo comportamento. Aliás, como se sabe, quem conseguiu definir os fatos sociais como questões que são exteriores, gerais e coercitivas foi o esforçado sociólogo francês, Emile Durkheim. Eu apenas descobri que a inveja também possui absolutamente todas as qualidades e atributos necessários para ser classificada e explicada como fato social.

Percebi que quando uma pessoa se arde de inveja, ela está sendo levada por sua formatação social e pelo costume coletivo. Em geral tal pessoa está sendo levada pela antiquíssima regra que dita que pessoas menos "fortes" não podem ter muito conforto.

O terrorista transforma o outro povo

em "menos forte"

Boa parte da população mundial vê, por exemplo, os Estados Unidos como nação rica, linda, imitável etc. Já o Bin Laden parecia não compartilhar dessa mesma concepção a respeito de tal país. Para o referido terrorista, conforme atestam suas falas, os EUA eram infiéis, errados, medíocres e eram, portanto, indignos de tamanha veneração.

Então enquanto os EUA são bem-vistos e bem imitados por boa parte do planeta, o Bin Laden segue oposto como se fosse um invejoso isolado, como se a inveja fosse um problema psicológico, individual, particular.

Olhando, entretanto, mais para dentro vemos mais pessoas sendo conduzidas pela mesma força social e tendo,

eber hernandes

por conseguinte, o mesmo comportamento do invejoso. Aliás, de acordo com uma pesquisa intitulada *America's Global Image* produzida pelo Pew Research Center, milhares de pessoas de fato apresentam sentimentos negativos concernentes aos EUA.

É evidente que no caso desses líderes horrendos (como o Bin Laden) que fazem com que os humanos se lancem uns contra outros, a inveja se mostra bastante misturada e confundida. Em tais casos a inveja se mistura com ganância de poder, com fanatismo religioso, com sede de vingança etc, etc.

Em meio a tudo é interessante reparar, não obstante, que tais líderes invejosos medonhos não conseguem colocar um povo para destruir o outro povo sem primeiro 'fazer a cabeça' desse povo. Ou seja, em geral tais líderes não conseguem fazer com que um povo vá destruir o outro sem primeiro fazer com que um povo pense que o outro é perverso, ou traiçoeiro, ou pecador, ou ameaçador, ou indigno etc (em suma, "fraco").

De toda forma, todas as estatísticas mostram que, independentemente dos porquês das perversidades praticadas pelos humanos; os países, cidades, bairros e indivíduos mais castigados no nosso planeta são e sempre foram os "menos fortes".

Tal constante comprova que há um problema socialmente construído contra determinadas pessoas. Há, como gosto de repetir, um sistema social que nos faz pensar que determinados humanos são mais inferiores e que humanos mais inferiores devem sofrer mais.

Assim, quem passa conceber os Estados Unidos como uma nação indigna (ou "menos forte") passa também a querer a destruição desse país; ou passa a ter angústia diante da exuberância de tal nação.

eber hernandes

A capacidade de ficar felizes com a felicidade dos outros

A pesquisadora austríaca Melanie Klein diz em seu livro *Inveja e Gratidão,* que a inveja é um problema psicológico que tem origem na infância. E o argumento dela é usado como embasamento científico pelos grandiosos estudiosos da inveja no nosso planeta. Melanie diz que a criança morde os seios da mãe porque a criança tem inveja contra a própria mãe (que é a dona dos seios grandes e quentes que trazem vida etc). Ou seja, tanto a Melanie quanto os demais especialistas não percebem o pacto social aqui explicado, e sua relação com a inveja.

Por conseguinte, por falta de tal percepção, tais estudiosos usam esse tipo de fenômeno (criança mordendo os seios da mãe) para explicarem que a inveja tem origem nessas angústias que o ser humano sofre na infância etc. Claro que essas explicações equivocadas (e geralmente absurdas) são e sempre foram altamente prejudiciais as nossas empresas, famílias, escolas, amizades etc.

De toda forma nos cabe observar que a criança morde também bicos de chupetas, borrachas e brinquedos inanimados. Ou seja, o morder da criança não tem nada a ver com inveja contra a mãe. Se o morder da criança se devesse a inveja contra a mãe, então a criança só morderia a mãe ou só morderia seres animados, vivos, quentes como a mãe.

É, pois, plenamente possível que a criança morda por falta de controle, por ansiedade, por sede, por fome, por sono etc. E isso, essa interpretação, parece um tanto mais real e razoável.

Há, por outro lado, os que, seguindo a mesma linha, argumentam que nós humanos desde os primeiros meses de vida já brigamos e disputamos comida, atenção, brinquedos etc. Esses argumentadores usam tais brigas e disputas para

eber hernandes

tentar confirmar a tese segundo a qual a inveja é um problema psicológico com origem na infância etc.

Acontece, porém, que nem os bebês, nem os adolescentes, nem os adultos costumam disputar, competir, combater contra o êxito do seu próprio astro favorito.

Nós pelo contrário, tendemos a motivar e a aplaudir aqueles por quem temos um tipo especial de admiração e de apreço (aqueles a quem temos como "fortes").

É verdade que duas irmãs pré-adolescentes, por exemplo, costumam disputar, competir ou até combater entre si. Porém, é verdade também, que nenhuma das duas costuma disputar, competir ou combater contra aquela protagonista famosa, linda, inocente, rica, bondosa ("forte") que brilha na televisão, no cinema, nos palcos etc.

Há, portanto, um sistema de tradições que me acostuma a ter pessoas tais quais meus filhos, meus pais, meus colegas de equipe, meu cônjuge, meus irmãos etc como menos importantes e que me acostuma a ter pessoas tais quais meus astros lindos, inocentes, ricos e bondosos, como "fortes", como mais importantes. E tudo mostra que é em decorrência de tal costume que eu fico desconcertado diante do êxito "excessivo" dos meus filhos, dos meus pais, dos meus colegas de equipe, do meu cônjuge, dos meus irmãos etc.

É interessante reparar, aliás, que se não existisse tal formatação social conduzindo meu inconsciente, eu certamente tenderia a apoiar mais aos meus queridos filhos, pais, colegas de equipe, cônjuge, irmãos etc do que ao meu grande astro bilionário e favorito. É interessante reparar, outrossim, que essa conscientização, essa percepção de que o ser humano é bem capaz de ficar feliz com a felicidade dos outros, pode fazer com que nossos líderes, cônjuges, pais, professores, filhos, alunos, irmãos etc passem a ser melhores amigos uns dos outros.

eber hernandes

Das inversões entre "mais forte" e "menos forte"

Em meio a tudo poder-se-ia argumentar que há no homem uma tendência genética para ficarmos do lado do vencedor, do mais "forte" etc. E essa tendência, de acordo com tal argumento, se daria em nome da nossa própria sobrevivência, em nome da preservação da espécie etc.

Em tal caso, esse nosso desprezo e essa nossa oposição em relação aos mais "fracos" já estariam completamente explicados e justificados. Ou seja, se houvesse no homem essa determinada tendência genética para ficarmos do lado do vencedor, do mais "forte" etc estaríamos falando de uma realidade, biológica, fixa, incurável e, por conseguinte, a presente teoria seria uma idiotice totalmente dispensável. Em tal caso a humanidade teria inveja ou oposição ao conforto dos mais "fracos" porque é geneticamente programada para apoiar, para incentivar e para gostar dos mais "fortes".

Acontece, porém, que entre nós humanos essa rotulação que nos faz ter a uns como mais "fortes" e a outros como menos "fortes", é socialmente construída, variável, desconstruível. De modo que em um contexto o negro é o feio, medíocre, escravo, "fraco" e em outro contexto o próprio negro é o lindo, poderoso, "forte". Em determinado contexto o homem de terno e gravata é o medíocre esquisito "fraco" e em um outro contexto o próprio homem de terno e gravata é o poderoso, sofisticado, "forte". Em dado contexto a mulher é a medíocre, a subjugada "fraca" e em outro contexto ela mesma é a diretora, a empresária, a poderosa "forte" (e assim por diante).

Portanto, o fator que nos faz apoiar e aplaudir ou bloquear e rejeitar a outra pessoa é, em geral, um costume socialmente construído. E por ser costume socialmente construído, trata-se, como se nota, de algo completamente variável, mutável, desconstruível. Ou seja, não é necessariamente por conta de uma realidade biológica que tendemos a ficar mais favoráveis aos mais "fortes" e mais opostos aos mais "fracos". Quem inventa e cria isso tudo não é a natureza, mas sim, o convívio coletivo.

No convívio coletivo se estabelece que determinadas pessoas são mais inferiores e que pessoas mais inferiores devem ter mais desconforto.

Os gostos e a oposição a pessoas
que amamos

Poder-se-ia pensar então, que a minha angústia opositora é justificada pelo fato de eu biologicamente não gostar de determinados tipos de pessoas. Em tal caso nossa oposição a alegria de determinadas pessoas estaria também explicada e justificada. Ou seja, eu seria oposto a alegria de determinadas pessoas porque não gosto delas, e ponto final.

Acontece, porém, que tal argumento também não se afina com a estrutura da realidade, visto que eu posso sim preferir mangas à peras, por exemplo. Mas em geral essa minha preferência por mangas não instala em mim uma dolorosa necessidade de destruir a vitalidade das peras (ou daquelas frutas das quais eu não gosto). O ser humano não funciona assim. Há, por exemplo, muitos homens que não gostam de namorar pessoas do sexo masculino – eles gostam de namorar somente mulheres. O fato, entretanto, de esses homens não gostarem de namorar outros homens, não os faz querer destruir aos demais homens. Há, da mesma forma, muitas mulheres que não gostam de namorar pessoas do sexo feminino – elas gostam de namorar somente homens. O fato, entretanto, de essas mulheres não gostarem de namorar

eber hernandes

outras mulheres, não as faz querer destruir as demais mulheres.

Nota-se, aliás, que um caipira que não gosta de comer laranjas, por exemplo, consegue se deitar e se descansar em paz após o almoço sob a sombra de uma frondosa e exuberante laranjeira. Ou seja, só o fato de eu não gostar de determinados tipos de pessoas, (ou de determinados tipos de frutas) não costuma ser motivo suficiente para justificar minha angústia opositora ao êxito de tais pessoas.

Já o fato de eu haver aprendido que determinadas pessoas são mais "inferiores" e que pessoas mais inferiores têm que ter mais desconforto, é suficiente para que eu me oponha a sua felicidade ainda que eu lhe tenha muito amor. Não é interessante?

Trata-se de costume forte. Nossas crianças, por exemplo, são no geral mais amadas do que os adultos. No entanto, mesmo sendo muito amadas, tais criaturas foram bastante castigadas ao longo da história da humanidade em diversos lugares no nosso planeta. Inúmeros irmãos, casais, amigos etc se amam muito e, ainda assim, são bastante opostos a felicidade um do outro.

Tudo mostra, então (ou ao menos parece mostrar) que há sim uma força social exterior a nós que interfere e que azeda as nossas relações. A estrutura dos fatos parece deixar evidente a existência de uma força social exterior a nós que distorce inclusive nossas intenções mais nobres. Eis exposta a essência, o mistério da inveja.

eber hernandes

eber hernandes

Resumo

(com esclarecimentos)

Orador culto falando português todo errado gera incomodo porque estamos formatados com o português correto.

Exemplo: *"Senhores pai, o senhores é os responsável"*

Tal tipo de incômodo é gerado por nossa vontade de que o correto e justo aconteça (e não porque somos geneticamente perversos).

Da mesma forma aprendemos que médico deve ter tratamento de médico, enfermeiro deve ter tratamento de enfermeiro, porteiro deve ter tratamento de porteiro e assim por diante.

Caso o faxineiro lance uma música de sucesso, haverá uma ruptura no sistema social dentro do qual estamos formatados.

Essa ruptura gera o desconcerto chamado inveja.

Tal tipo de incômodo é gerado por nossa vontade de que o correto e justo aconteça (e não porque somos geneticamente perversos).

---

eber hernandes

Se se trata de força social que toca a todos, então por que é que em tantos casos tenho a impressão que somente eu estou sentindo inveja de alguém?
a) devido a importância que aquela conquista tem para mim.

b) devido ao sentimento de injustiça – que sempre vai aliado a inveja.

c) devido ao meu conceito particular a respeito daquela pessoa.

Um elegante e imponente bilionário aplaudido por outras multidões, pode ser em minha ótica um medíocre indigno desprezível.

Isso por conta de seu sotaque nordestino ou estilo de vestimenta ou religião a que pertence ou partido político que apoia etc.

Daí ter-se a impressão de que estou enfrentando problema subjetivo particular.

(Para os outros – desse entorno – ele é elegante, grandioso e digno; mas para mim é um "menos forte", e portanto, seu êxito me gera estranheza).

A estrutura da realidade mostra que quando eu exijo que a pessoa "menos forte" tenha menos comodidade, eu estou sendo levado por um costume que:

a) já está no mundo antes de eu nascer; ou seja, é exterior a mim (enfermeiro recebe salário, uniforme, tratamento de enfermeiro)

eber hernandes

b) é seguido por outras pessoas; ou seja, é geral (as pessoas todas costumam tratar ao médico melhor do que tratam ao enfermeiro)

c) é coercitivo; ou seja, há todo um conjunto de normas nos forçando nisso (dificilmente daria certo um enfermeiro ir trabalhar trajando farda de porteiro

Não se trata de problema particular.

Pensa-se que o suicídio é também sempre problema individual particular.

Emile Durkheim percebeu que o suicídio é, em muitos casos, provocado por força social exterior, geral e coercitiva – mais pessoas estão sendo levadas pela mesma corrente social.

Quem definiu fatos sociais como questões que são exteriores, gerais e coercitivas foi Durkheim.

Eu apenas percebi que a inveja também fica melhor explicada se concebida como construção social.

No livro Inveja e Gratidão a pesquisador austríaca Milene Klien mostra que não percebe relação entre as forças sociais e a inveja.

Ela não cita e não explica a inveja como construção social.

77

Minha explicação sobre os porquês, quandos e comos da inveja parece ser mais harmônica e mais razoável do que dizer, por exemplo:

a) Que as terapias atinentes a inveja não funcionam porque o paciente tem inveja do terapeuta.

b) Que a criança morde os seios da mãe porque a criança recém-nascida tem inveja contra a mãe.

Milene é usada como embasamento por especialistas e, seguindo na mesma linha há os que explicam que desde a tenra infância o ser humano já briga e disputa por brinquedos, atenção, comida.

Usa-se esse tipo de exemplo para reforçar que a inveja é problema psicológico com origem com origem na infância.

Mas minha teoria observa que as crianças não costumam disputar e combater contra o êxito do seu astro favorito.

Pelo contrário as crianças costumam ficar felizes e apoiadoras em relação ao êxito exuberante de tais personalidades.

Importa, nesse tipo de ensejo, notar que, em não existindo a corrente social que aqui denuncio (e se ela não funcionasse da forma como o demonstro) tenderíamos a apoiar mais intensamente a nossos queridos – marido, irmão, socio – do que a nossos astros favoritos.

eber hernandes

Poder-se-ia argumentar que há no homem uma tendencia genética a ficar do lado do mais forte em nome da sobrevivência, da preservação da espécie etc.

Isso misturaria a inveja com a maldade ingênita e tornaria (talvez) minha teoria menos interessante.

Acontece que quem determina quem é "mais forte" e quem é "menos forte" (nesses entrechos) não é a natureza, mas sim a sociedade, o convívio coletivo, o pacto social abstrato, o sistema de tradições.

Ex:

a) em uma conjuntura o negro é escravo fraco desprezado e em outro contexto o negro é atleta multimilionário aclamado pelas multidões.

b) em uma conjuntura a mulher é subjugada rejeitada e em outro contexto a mulher é atriz multimilionária aclamada pelas multidões.

Ou seja, o fator que nos faz apoiar ou desprezar a determinada pessoa é, em geral, construído e acordado pelo convívio coletivo – não é realidade genética.

Poder-se-ia argumentar que eu não gosto de determinado tipo pessoa por algum motivo em mim genético – como quem não gosta de determinado legume;

Oponho-me porque não gosto delas e ponto.

Acontece que minha preferência por mangas não me faz oposto aos abacates – eu não os quero destruir.

eber hernandes

Ex;

a) muitas mulheres preferem homens, mas elas não querem destruir todas as mulheres.

b) muitos homens preferem namorar mulheres, mas eles não querem por isso destruir aos demais homens.

c) um determinado caipira que não gosta laranjas, consegue mesmo assim, deitar-se em paz sob a sombra da laranjeira e cochilar depois do almoço.

Ou seja, o fato de eu não gostar, não justifica a desconcertante e dolorosa oposição que apresentamos contra o êxito de outra pessoa.

Já o fato de eu haver aprendido que determinadas pessoas são inferiores e que pessoas inferiores têm que ter menos comodidade me faz oposto inclusive a pessoas que amamos muito; filhos, cônjuge, irmãos, sócios.

Ex;

Em geral as crianças suscitam mais amor do que os adultos, mesmo assim, elas (memos fortes) foram tratadas com mais violência em muitos contextos.

---

eber hernandes

eber hernandes

VII

Preferências naturais
e forças sociais

Conforme víamos, a inveja não é uma angústia provocada por nossa variedade natural de gostos e de preferências, mas sim, por uma força social que nos é exterior. Aliás, devido a atuação de tal força, mesmo tendo preferência genética por mulheres, por exemplo, um sujeito pode ser avesso a alegria das próprias mulheres. Ou seja, um homem pode ter muito amor por sua esposa e pode, mesmo assim, ficar um tanto angustiado diante de determinados êxitos dela. Não é interessante?

Acontece de um sujeito não gostar de negros, por exemplo, e sentir sim angústias diante das alegrias dos negros. Mas acontece também, de um sujeito não gostar de negros, mas não ter angústias diante das alegrias dos negros. Por que isso?

De acordo com o harmônico palpite trazido pela presente teoria, o que acontece em tais casos é algo bastante fácil de se perceber/explicar: Quando alguém não gosta de negros etc por um motivo mais natural/genético, esse alguém consegue, mesmo assim, ficar feliz com a felicidade dos tais preteridos (os negros). Isso porque em geral esse alguém não tem as pessoas negras etc como criaturas perigosas, ou malvadas, ou erradas, ou inferiores etc.

eber hernandes

Tal pessoa não foi tão completamente formatada nesse sentido; não aprendeu que negros devem ter menos apreço, devem ser subjugados etc. Tal pessoa não tem, portanto, necessidade de destruir a alegria dos negros. Ela apenas não lhes prefere. Ela gosta mais de brancos etc, assim como alguém que ao invés de preferir comer manga prefere comer abacate, por exemplo. Em geral essa pessoa que prefere abacate não tem necessidade de sair revoltada destruindo os pés de manga.

Quando, porém, a pessoa não gosta de negros etc por conta de uma questão mais social, aprendida, construída (não natural) a situação é diferente. Em tais casos a pessoa não consegue ficar feliz diante da felicidade "excessiva" das referidas gentes. E não o consegue justamente por haver aprendido que tais gentes são perigosas, ou malvadas, ou erradas, ou inferiores etc.

Ao que tudo indica, tais informações e programações ficam escondidas na parte menos consciente da mente humana. Trata-se, no geral, da mesma formatação social que nos leva a ter o desconcerto-inveja; ou melhor, trata-se da própria inveja.

É, portanto, possível que eu fique tranquilo diante do sucesso da pessoa da qual eu não gosto (assim como quem prefere abacate, mas fica tranquilo diante dos pés de manga frondosos); e é possível que eu fique perturbado diante do êxito da pessoa da qual eu gosto, assim como quem aprendeu que pessoas do sexo feminino não podem ser milionárias, por exemplo.

Em outras palavras, uma esposa, por exemplo, pode amar muito a seu marido; dentro, porém, das comparações e das hierarquias sociais esse marido é inconscientemente classificado como um "menos forte". O sistema social fará, então, com que essa esposa fique um tanto desconcertada e oposta caso esse marido fique feliz "demais".

eber hernandes

Da relação entre inveja

e ciúme

Mas será que essa angústia que eu tenho diante do êxito da pessoa da qual eu gosto, tem a ver o ciúme? O ciúme sexual, conforme já constatado por Durkheim, é um problema construído pela cultura, visto que, trata-se de uma angústia que não acomete a todas as tribos e grupos humanos. Ou seja, o dado que determina que uma esposa (ou marido) deve se deitar somente com seu cônjuge, por exemplo, é um inteligente e necessário costume que é exterior a nós e que muda de acordo a época, a tribo, o acordo construído e seguido por pessoas de determinadas sociedades.

É evidente que não é necessariamente por maldade que tais tipos de costumes são criados; eles são criados inclusive porque as pessoas de determinadas épocas e contextos percebem que isso é o melhor. Ou seja, se determina por exemplo, que um cônjuge deve deitar-se somente com seu par porque acredita-se que uma família constituída por pai, mãe e filhos que vivem sob um mesmo teto é uma instituição bonita, honrosa, inteligente, equilibrante etc.

É provável, também, que tais costumes são criados porque em tais épocas e contextos já imperava o antiquíssimo e abrangente sistema social gerador da inveja. Ou seja, é provável que sem tais regulamentações, limitações e legislações, as pessoas tidas como "menos fortes" seriam ainda mais severamente penalizadas e privadas de determinadas alegrias.

eber hernandes

De toda forma, tais tipos de costumes, como o que determina que um cônjuge deve deitar-se somente com seu par, acabam resultando também em desconcertos tais como o ciúme. Aliás, a estrutura dos fatos mostra uma interessante relação entre esse ciúme e a inveja. Ou melhor, a estrutura dos fatos mostra que o ciúme aqui discutido é, ao menos em parte, causado pelo mesmo pacto social abstrato que nos faz ter inveja. Isso porque em ambos os casos (ciúme e inveja), a pessoa fica perturbada porque acontece um "erro", acontece a ruptura nas regras sociais.

No geral a regra e o costume coletivo estabelecem não apenas que o cônjuge deve se deitar somente com o seu par, mas também, que a pessoa muito "fraca" não pode ter muito prazer. Portanto, quando uma esposa, por exemplo, trai a seu marido, ela quebra duas regras de uma só vez; ela se deita com outro homem e ela tem mais prazer "do que deveria".

Tudo indica que é principalmente dessa inflação duplicada que decorre a indignação geral. Tanto que, quando muda a regra ou quando muda o costume social, a postura e os sentimentos das pessoas também mudam.

Assim, em épocas e em contextos mais machistas, nos quais a mulher é tida como "menos forte", a mulher é mais impedida de sentir prazer. E em épocas e contextos mais feministas, nos quais o homem é tido como "menos forte", o homem é mais impedido de sentir prazer. De modo que muitos homens, por exemplo, da Arábia mais antiga, têm como absurda a possibilidade de a sua própria esposa se deitar com outros homens.

E a explicação principal para esse ciúme todo é (ou me parece ser) um tanto simples: O referido contexto é mais machista, em tal contexto a mulher é tida como "menos forte", e a mente do marido é conduzida pelo pacto social que dita que humanos "menos fortes" têm que ter menos prazer. Daí o estado desconcertado, enciumado de tais maridos. Lhes é desconcertante a possibilidade de a sua

eber hernandes

esposa se deitar com outro homem e lhes é desconcertante, também, a possibilidade de a sua esposa ficar feliz "demais".

Da mesma forma, muitas mulheres europeias modernas também têm como absurda a possibilidade de o seu próprio marido se deitar com outras mulheres. E, da mesma forma, a explicação principal para todo esse ciúme dela me parece ser um tanto evidente: O referido contexto é mais feminista, em tal contexto o homem é tido como "menos forte", e, a mente da esposa é conduzida pelo pacto social que diz que pessoas "menos fortes" não podem ter muito prazer.

Daí o estado desconcertado, enciumado de tais mulheres.

O fofoqueiro de fora do relacionamento também fica enciumado

Mas, pergunta alguém, não seria por amor que as pessoas ficam angustiadas, enciumadas diante da possibilidade de uma traição? Não. Nem sempre. No geral outras pessoas de fora do casamento também se mostram perturbadas a respeito. E essa perturbação coletiva mostra que queremos desmanchar o prazer da pessoa que trai, não necessariamente porque temos amor.

Aliás, o fato de pessoas de fora da relação também ficarem incomodadas, mostra que não é somente por medo que a pessoa contraia alguma doença e nos contagie, ou por medo que ela nos deixe, ou por receio que nossa família seja destruída etc que ficamos desconcertados.

O fato de pessoas de fora do casamento estarem também incomodadas com as traições, mostra que esse incômodo chamado ciúme é motivado por mais outra razão (além do medo de doença, ou do medo da solidão, ou do fato de haver amor pela pessoa que trai etc).

Conforme víamos, e conforme se sabe, em lugares tais quais a Arábia antiga, a mulher comprometida que olhasse com desejo para algum homem, costumava causar mal-estar e ciúme. Tal sentimento tocava a todo um grupo de pessoas e, portanto, todos consentiam que ela fosse desmoralizada, punida etc. E tudo mostra que essa hostilidade, essa espécie de ciúme coletivo impiedoso, não se dava por amor.

Por outro lado, na Europa mais moderna, o homem comprometido que olha com desejo para alguma mulher costuma causar mal-estar e ciúme. Tal sentimento também acomete a todo um grupo de pessoas e, portanto, todos consentem que ele seja desmoralizado, punido etc. E essa hostilidade, esse ciúme coletivo impiedoso, também não se dá por amor. Trata-se, mais provavelmente, de um sentimento que é criado inclusive (ou principalmente) pelo costume, pela força social sobre a qual venho discorrendo.

As estatísticas mostram que, por exemplo, os cruzeiros e as festas liberais são mais livres e mais frequentes entre pessoas de mais dinheiro; ou seja, pessoas "mais fortes" podem ter muito prazer. As estatísticas mostram, também, que as brigas e os assassinatos provocados por ciúme são mais livres e mais frequentes entre pessoas de baixa renda; ou seja, pessoas "menos fortes" não podem ter muito prazer.

Isso confirma, ou ao menos parece confirmar, que a força social que me faz oposto a alegria da pessoa "menos forte" é, no geral, a mesma força social que me faz ter o desconcerto-ciúme. Ou seja, em tais casos eu sofro de desconcerto, ou de ciúme de você não só porque eu não quero que você fique com outrem. Em tais casos eu sofro desconcertado inclusive porque eu não quero que você fique feliz "demais".

eber hernandes

A inveja, os mais ricos

e todos os que entram na condição do "fraco"

Pensa-se que os mais invejados são os mais ricos. Entretanto, ao contrário do que se pensa, os mais ricos são os mais apoiados e os mais pobres é que são os mais bloqueados, desprezados, invejados no nosso planeta. Ou seja, a estrutura da realidade mostra que acontece exatamente o oposto daquilo que os estudiosos dizem que acontece. Daí a incompreensão do analista diante da queixa de uma pessoa escassa de bens materiais que, mesmo sendo pobre, se queixa de ser perseguida, bloqueada, invejada.

É evidente que acontece muita inveja contra os mais ricos e entre os mais ricos, também. Porém, se observarmos duas pessoas em qualquer situação, notamos que geralmente a pessoa pobre, analfabeta, anônima recebe mais oposições, bloqueios e desprezos do que a pessoa rica, erudita, famosa etc.

Em geral a inveja contra os mais ricos acontece somente naquelas conjunturas e naqueles ambientes (comparações) em que o rico é tido como medíocre "menos forte".

Ou seja, a pessoa rica só tende a receber mais oposições e desprezos do que o pobre, naqueles contextos (concepções) em que tal rico é tido como brega, ou perigoso, ou feio, ou desonesto, ou idiota etc.

Nesses casos é possível que até um pobre seja mais apoiado e menos escorraçado do que um rico; são casos nos quais a pessoa rica é tida como inferior, "fraca".

É claro que a ideia de que uma pessoa é "mais forte" ou "menos forte" é bastante variável. Trata de algo que depende do ponto de vista, do contexto, do lugar, da cultura, da comparação etc. Falamos de algo tão variável que eu posso ter a um determinado bilionário como "mais forte" em determinado contexto dentro de determinadas comparações, e posso ter a esse mesmo bilionário como "mais fraco" em outro contexto dentro de outras comparações.

Assim, um político rico e corrupto, por exemplo, pode ser adorado como um grandioso líder por uma multidão e pode ser tido como um estúpido execrável por outra multidão.

Então geralmente os mais pobres são os mais desprezados, bloqueados (invejados); mas, apesar de os mais pobres serem mais desprezados, em algum contexto/comparação absolutamente todas as pessoas podem ser consideradas medíocres, indignas de determinado êxito. Ou seja, em algum contexto absolutamente todas as pessoas (inclusive as muito ricas) podem ser bloqueadas, rejeitadas, invejadas.

Isso porque em algum contexto absolutamente todas as pessoas (inclusive as muito ricas) podem ser tidas como "menos forte".

Do que faz com que uns sintam prazer e outros sintam angústia (diante do sucesso de alguém)

Acabamos de ver que, ao contrário do que se pensa, os mais ricos são os mais apoiados e os mais pobres é que são os mais bloqueados, desprezados, invejados. Veremos agora, que os estudiosos que dizem que a proximidade entre invejoso e invejado é fundamental para que a inveja aconteça, estão também equivocados.

O cantor americano conhecido como Bon Jove, por exemplo, é mega milionário e é aplaudido por multidões apaixonadas por ele. Mas há algumas pessoas que mantém dele um conceito pejorativo. Tais pessoas, mesmo vivendo em outras cidades ou em outros países, sentem certo incomodo relativo ao esplendor do sucesso de tal artista.

eber hernandes

Os fatos mostram, pois, que podemos sentir incomodo relativo ao sucesso de pessoas que moram em outros bairros, em outras cidades, em outros países. Ou seja, os fatos mostram que o fator principal para que a inveja aconteça não é a distância física entre invejoso e invejado.

De modo que no geral a notícia de um pobre que começa a faturar seus 2 milhões mensais com a empresa que ele acaba de montar lá no outro bairro distante, pode me incomodar mais do que os 80 milhões mensais do jogador Neymar aqui pertinho de mim. A notícia de que um jovem pobre lá da África conseguiu fazer seu primeiro milhão aos 18 anos de idade costuma me doer mais do que os 4 milhões que a neta do Abílio Dinis pode ganhar por semana aqui pertinho no Brasil etc.

Não é, portanto, a proximidade entre duas pessoas o que gera a inveja. Tudo mostra que o conceito que eu tenho do outro humano é que é mais determinante para que a minha inveja aconteça. Esse conceito inconsciente (atrelado ao costume coletivo) é o que vai determinar se essa outra pessoa pode ou não pode ter determinada comodidade.

Eis a razão pela qual o sucesso de uns nos faz sentir prazer enquanto o sucesso de outros nos faz sentir dor. Eis a razão também pela qual o sucesso de uns nos faz sentir prazer enquanto esse mesmo sucesso faz com que outras pessoas sintam angústia etc.

Da proximidade

entre invejoso e invejado

Então, independente da distância entre invejoso e invejado, se o conceito que eu tenho atinente a determinada pessoa em determinada conjuntura é "mais forte" eu aceito que tal pessoa tenha mais apreço e mais comodidade; se, entretanto, o conceito que eu tenho atinente a determinada pessoa em determinada conjuntura é "menos forte" eu não aceito que tal pessoa tenha mais apreço e mais comodidade.

Observando a postura de alguns vendedores em uma loja, percebemos melhor essa interessante constante.

Nota-se que todos os clientes ficam relativamente na mesma distância dos vendedores. Se a inveja (ou o tratamento mais pejorativo) fosse determinada pela distância entre invejoso e invejado, então todos os clientes que chegam, por exemplo, a um metro de distância do vendedor seriam tratados por igual. Isso, no entanto, não é o que acontece. Na prática os vendedores não conseguem tratar a todos os clientes da mesma forma.

Como se nota, a determinados clientes os vendedores tratam com mais cuidado e a outros clientes os vendedores tratam com menos cuidado.

Ou seja, os clientes tidos como "mais fortes" (tais quais uma madame rica, linda e culta, por exemplo) recebe um tratamento mais cuidadoso; e os clientes tidos como "menos fortes" (como por exemplo, uma outra madame rica, porém, feia e analfabeta) recebem um tratamento menos cuidadoso.

Se a patroa rica chega de carro novo, tudo bem; o motorista ou mordomo passa o dia todo próximo dela há vinte anos e ele gosta de contribuir para o sucesso dessa madame delicada, inteligente, linda. Se, porém, a querida esposa do mesmo motorista, fala em trocar de carro ele (em muitos casos), estranha, fica um tanto desconcertado, não gosta.

A secretaria ou a doméstica geralmente também aceita, gosta e contribui para o conforto máximo do patrão milionário. Ou seja, a distância entre duas pessoas não é fator fundamental para que a inveja aconteça. Se, entretanto, o marido dessa mesma secretaria começa a viver feliz "demais", ela (em muitos casos) estranha, fica meio desconcertada, não gosta.

91

eber hernandes

Portanto, não é a distância quem leva o homem a aprovar ou a reprovar o êxito alheio; mas sim, o conceito inconsciente que temos concernente a outra pessoa. Conceito esse que é em boa parte criado, alimentado e dirigido pelo costume, pelo sistema social dentro do qual somos formatados. Costume esse que nos faz sentir um desconcerto específico mundialmente chamado de inveja.

eber hernandes

Resumo

(com esclarecimentos)

Há, como vimos, muitos casos em que eu não gosto de alguém e fico em paz com sua alegria. Mas há outros casos em que eu não gosto de alguém e fico perturbado com sua alegria. Como funciona isso?

a) se não gosto por motivo genético (mais natural) eu tendo a ficar em paz.

b) se não gosto por motivo socialmente construído eu tendo a ficar perturbado.

Se aprendi que negro é ladrão, sujo, fedido, mal caráter, traidor inferior – eu fico desconcertado diante da alegria e do êxito de um negro.

---

eber hernandes

Como funciona a relação entre o ciúme e a inveja?

Segundo os relatórios apresentados por Durkheim, o ciúme sexual não é genético posto que ele não acontece em todos as tribos e grupos.

É a construção social quem estabelece a monogamia.

Importa notar que, sem tal civilidade/construção, os "menos fortes" seriam ainda mais excluídos e penalizados.

De toda forma, nos dois casos, ciúme e inveja;

a) acontece uma ruptura, um erro no sistema/costume dentro do qual estamos acostumados

b) o cônjuge não pode ter muito prazer.

Importa notar também que quando mudam as regras sociais, mudam também os sentimentos das pessoas;

a) em contextos mais machistas (em que a mulher é "menos forte") ela é mais impedida de ter conforto – exemplo, Arabia mais antiga e mais machista.

b) em contextos mais feministas (em que o homem é "menos forte") ele é mais impedido de ter conforto – exemplo Europa mais moderna mais feminista.

Ou seja, ciúme e inveja são em muitos casos provocados pela mesma força social: "menos forte" tem que ter menos conforto/prazer.

---

eber hernandes

Poder-se-ia pensar que, ao invés de ser por oposição a comodidade "excessiva" do "menos forte", é por outro motivo que a pessoa tem ciúme.

Exemplos;

1. amor
2. medo de perder a pessoa amada
3. medo de ficar sozinho
4. medo de contração de doenças venéreas
5. medo de que a família seja destruída

Acontece, entrementes, que os vizinhos fofoqueiros também se perturbam, se opõem, denunciam, exigem punição. Exemplos:

a) mulher adultera na Bíblia e em contextos mais machistas e/ou antigos

b) homem galinha no Brasil e em contextos mais feministas e/ou modernos

Isso mostra que o ciúme, assim como a inveja, é em muitos casos problema um exterior, geral e coercitivo.

Os cruzeiros e as festas liberais são mais livres e mais frequentes entre pessoas das classes mais altas

As brigas e os assassinatos por ciúme são mais livres e mais frequentes entre pessoas das classes mais baixas

Ou seja, os "menos fortes" tem que ter menos conforto.

---

eber hernandes

Os mais ricos são os mais invejados? Nunca! Eles são os mais apoiados e seu êxito gera mais prazer na audiência.

Minha teoria (e a estrutura da realidade) mostram que se passa exatamente o oposto daquilo que os especialistas dizem que acontece.

Daí a incompreensão do analista diante de uma pessoa que, mesmo fracassada, se diz muito perseguida, bloqueada, invejada.

Há muita inveja entre ricos e contra ricos. Entretanto em todas as comparações (mesmo entre ricos), os mais invejados serão os "menos fortes".

O rico há de ser invejado somente nas óticas, comparações e conjunturas em que ele for tido como "menos forte".

Aliás, o rico pode chegar a ser tido como "menos forte" do que um pobre.

Ex; se o rico for tido como corrupto, traidor, pervertido, assassino etc

E esse mesmo rico que é tido por uns como "menos forte" e indigno, pode ser julgado "mais forte" e grandioso por outras pessoas.

Ex; políticos tais quais Obama, Fidel Castro, Lula etc

A distância entre invejoso e invejado não é fator principal ou imprescindível para que a inveja aconteça.

eber hernandes

Ex;

a) os 80 milhões mensais de atletas como o Neymar que vive aqui perto de mim em São Paulo, me incomodam menos do que o primeiro milhão que um rapaz fez lá na Bahia com sua nova empresa

b) os 6 milhões mensais de pessoas como a neta do Silvio Santos (que vive aqui perto de mim em São Paulo), me incomodam menos do que os 3 milhões que um faxineiro lá do Pernambuco ganhou com sua nova música brega.

c) dentro de qualquer loja, os clientes ficam todos na mesma distância do vendedor. Mas os clientes "mais fortes" recebem sempre tratamento melhor, mais cordial (ou seja, mesma distância, tratamento diferente).

d) se a patroa "mais forte" chega de carro novo importado, o chofer gosta e contribui para o êxito grandioso dela; mas se a esposa "manos forte" do mesmo chofer fala em tirar habilitação, ele fica um tanto desconcertado e oposto

d) o patrão ricaço proprietário tem conforto absoluto e a secretaria contribui com alegria para que essa comodidade dele seja sempre garantida e aumentada; mas se o marido dessa mesma secretária começa a ficar alegre "demais" ela fica um tanto desconcertada e oposta.

Obs.; geralmente passamos mais tempo despertos no trabalho (perto do patrão) do que perto do cônjuge. Por essa logica a inveja maior deveria ser contra o patrão que além de ser mais rico, está mais próximo.

eber hernandes

eber hernandes

VIII

O homem não sente angústia diante da alegria dos animais

É interessante notar que a mordomia "excessiva" dos animais e das árvores não incomoda aos humanos (ou pelo menos não nos incomoda da mesma forma que o faz a mordomia "excessiva" de determinadas pessoas). Por quê? Porque será que a mordomia "excessiva" dos animais e das árvores não nos incomoda, enquanto a mordomia "excessiva" de determinadas pessoas nos angustia?

O conforto das referidas pessoas nos perturba principalmente por contrariar o costume, o inconsciente coletivo dentro do qual estamos formatados/acostumados. Muita gente fica desconcertada com o "excesso" de direitos das crianças, dos pobres, dos negros, das mulheres, dos homens brancos etc porque tais direitos levam mais

eber hernandes

benefícios e confortos a humanos considerados mais "inferiores".

A mordomia dos animais, por outro lado, não nos angustia tanto porque a inveja não é um traço biológico do homem. Se o fosse, provavelmente ficaríamos desconcertados vendo a alegria dos animais mais habilidosos e mais livres do que nós. Os golfinhos, por exemplo, sabem nadar muito bem e brincam no oceano a vida inteira sem precisar trabalhar; a águia sabe voar e viaja livre para lugares lindos em plena segunda feira etc.

E nós não temos raiva da águia por isso. Isso não nos deixa desconcertados de inveja, pois, conforme mostra minha teoria, o sistema gerador da referida inveja é construído pelo homem, na interação com outros homens e funciona exclusivamente entre nós, humanos.

Poder-se-ia objetar que o homem é geneticamente invejoso e perverso (já que matamos tantos animais). Com isso encerraríamos o assunto; ou melhor, com isso abandonaríamos o assunto, e ponto final.

É verdade que a maior parte da humanidade come carne de animais; porém, é verdade também que a maior parte da humanidade não tem coragem de tirar a vida de uma vaca, de um boi, de um coelho, por exemplo. Aliás, não temos coragem sequer de assisti-los ser abatidos nos matadouros. Ou seja, tudo indica (ou parece indicar) que nós não somos biologicamente opostos a felicidade dos "mais fracos" e não somos geneticamente opostos a felicidade dos animais

Quando as pessoas vão ao açougue comprar carne ou quando vão a panela comer carne, essas pessoas não vão com ódio do conforto dos animais. Portanto o fato de o ser humano haver matado animais ao longo da história etc parece não significar oposição ingênita contra os animais ou contra os mais "fracos". De modo que se houver carne de boi no açougue ou na panela, o ser humano a come; mas, se o boi passa a vida inteira brincando com seus companheiros

eber hernandes

no pasto, o ser humano em geral não se incomoda, não tem inveja contra a alegria do boi.

Quando estamos bem alimentados e com saúde mental, nós humanos costumamos aceitar com prazer e com alegria que a maioria dos animais viva livre e feliz. Porém, mesmo quando estamos bem alimentados e com boa saúde mental, nós costumamos não aceitar que determinados humanos vivam livres e felizes. Por quê?

Porque, como acabo de dizer, o sistema gerador da inveja é construído pelo homem, na interação com outros homens e funciona exclusivamente entre nós, humanos. Tal sistema faz com que o homem imponha a seu congênere uns tipos de restrições e de castigos que se dão exclusivamente entre os humanos.

O trabalho, a árvore e o cachorro

Em geral os documentos antigos chamam o trabalho de "castigo" porque, como se sabe, somente os humanos considerados perdedores, inferiores, "fracos" eram forçados a trabalhar. Trabalho e castigo eram, pois, uma mesma coisa e, por isso, a história mostra que em muitos contextos ao povo "fraco" ou perdedor sempre restaram somente duas opções: ser exterminado ou ser escravizado.

Em outras palavras, o trabalho era chamado de castigo porque, ou inclusive porque, existe uma tradição antiga que nos faz ter como normal e correto que humanos "menos fortes" tenham mais pesares, mais desconfortos. De forma que, se não existisse a referida tradição o trabalho, ao invés de penosa escravidão, provavelmente seria algo mais divertido, mais atraente, mais terapêutico.

Dentro de tal sociedade as pessoas fariam mais daquilo que elas gostam de fazer, e fariam menos daquilo que elas não gostam de fazer.

eber hernandes

Aliás, em alguns lugares, à medida que o padrão antigo é um tanto desconstruído, o trabalho converte-se de fato em uma atividade mais agradável para um número crescente de pessoas em nosso planeta. E essa melhora se dá inclusive, ou principalmente, devido ao aperfeiçoamento da liberdade de comercio etc.

De toda forma ainda se nota, por trás de tudo, o sistema de tradições que fez com que o homem se acostumasse a impor trabalhos mais pesados e mais desconfortáveis às pessoas tidas como "inferiores". Sistema esse que, conforme mostra a estrutura dos fatos, é o mesmo que nos faz ficar desconcertados com inveja. Ou seja, se a pessoa "fraca" (medíocre, perdedora etc) não sofre, ficamos um tanto desconcertados.

Mas, pergunta alguém, os cavalos, os cachorros e outros animais não são também subjugados e escravizados pelo homem? Sim, respondo eu. Mas essa manipulação contra os amimais não acontece pela mesma angústia ou pela mesma razão que faz com que um homem se oponha ao conforto de outro homem. Em geral esse subjugar dos animais não acontece pelo mesmo motivo que nos faz invejosos e opostos a alegria alheia.

É verdade que o homem sempre derrubou milhares e milhares de arvores, por exemplo. Porém, conforme se nota, as árvores frutíferas, frondosas e belas que estão vivas há trezentos anos, não nos deixam desconcertados de angústia, de oposição, de inveja. A razão pela qual o homem derruba uma arvore é diferente da razão pela qual o homem se angustia diante do êxito de seu irmão, por exemplo.

Se o meu cachorro não trabalha e vive muito feliz, eu geralmente continuo em paz; mas se o meu cunhado, ou irmão, ou colega fica estudando, viajando, contente sem trabalhar, eu geralmente fico angustiado.

Há, portanto, um mal-estar mais específico que acontece exclusivamente entre nós humanos; e, esse mal-estar mais específico é o objeto central da presente reflexão. O homem só tem inveja do homem, pois, a cultura formata o

eber hernandes

homem para ser oposto a alegria do homem. Somente nós criamos os discursos, as hierarquias, os uniformes etc que resultam na inveja.

De modo que talvez fosse interessante que começássemos a tentar mudar o discurso. Poderíamos começar a mostrar a nossas crianças que elas são sim capazes de se ajudarem umas às outras e de ficarem felizes com as alegrias umas das outras. Seu eu consigo torcer sinceramente a favor pelo meu astro favorito, quem disse que eu sou incapaz de ficar feliz com a felicidade do meu irmão, da minha esposa, do meu filho etc?

Desconcerto-inveja

e desconcerto-assalto

Então, conforme víamos, em geral se tende a ficar incomodado com o "excesso" de mordomias das crianças, dos negros, das mulheres, dos gays, dos homens brancos etc; mas, não se tende a ficar incomodado com as mordomias dos pássaros, dos peixes, das árvores, dos gatos etc – o que mostra (ou ao menos parece mostrar) que a inveja é um fato social, e não uma realidade biológica.

Acontece, entretanto, que nem sempre nosso incomodo contra os demais humanos é causado por inveja – ou pela força social que nos faz ter inveja.

Quando alguém é roubado, por exemplo, esse alguém sente um incomodo que não é inveja. Um bandido, suponhamos, aparece de súbito com tom ameaçador e leva embora o carro de alguém. O desconcerto que esse alguém sente ao ver esse ladrão livre dirigindo o carro recém roubado, é diferente do desconcerto que se tem ao ver um negro livre dirigindo o carro dele mesmo que ele mesmo, o próprio negro, acabou de comprar.

Quem vê o sujeito recém assaltado se queixando e não sabe que esse sujeito acaba de ser assaltado, pode até misturar tudo. A pessoa pode até concluir precipitadamente que o tal queixoso é mais um idiota invejoso. Aliás, muitas crianças passam, de veras, por situações correlatas; nem sempre tais crianças conseguem se explicar. Ou seja, tira-se da criança coisas que são importantes para ela etc e quando essa criança se angustia e se queixa, a tomamos por defeituosa, perturbada, invejosa.

Não obstante, quando o sujeito explica que acaba de ser roubado etc, percebe-se que o desconcerto que ele sente em tal caso, não é o mesmo que inveja.

No primeiro caso (do ladrão livre dirigindo o carro recém roubado) se está incomodado porque aconteceu uma injustiça e um prejuízo absurdos. Já no segundo caso (do negro livre dirigindo o carro dele mesmo que ele mesmo, o próprio negro, acabou de comprar) se está incomodado porque se pensa que pessoas negras etc não podem ter tamanho poder, tamanha felicidade, tamanho êxito etc.

Ou seja, o incomodo-inveja é diferente dos incômodos causados por outras injustiças e por outros motivos. Ou seja, nem sempre nosso incomodo contra os demais humanos é causado por inveja (ou pela força social que nos faz ter inveja).

Quando, por exemplo, a proposta comunista faz com que uma mulher destrua a vida de seus filhos, destrua a vida de seu marido e se entregue as drogas, podemos sentir um tipo de incomodo que não é exatamente inveja. Ainda que essa mulher fique muito rica, ela suscita um sentimento de injustiça que não é a inveja.

Quando, por outro lado, vemos que uma determinada mulher tem filhos estudiosos, tem marido bem-

eber hernandes

sucedido, tem carrão lindo etc podemos sentir um outro tipo de incomodo que é exatamente a manifestação da inveja.

A inveja, as escolhas, as diversificações

e os livros

Os bebês mais ricos não são os criadores das maternidades mais sofisticadas nas quais eles mesmos nascem, e os bebês mais pobres também não são os criadores das maternidades mais desgraçadas nas quais eles mesmos nascem.

Antes de nascermos tais condições e tradições já estão na sociedade em que nascemos. Ao nascermos somos lançados, pois, para dentro de um sistema de convívio em que as coisas são mais facilitadas para uns e mais dificultadas para outros humanos.

Ou seja, o ser humano (pelo menos enquanto é recém-nascido) não escolhe tudo. Há, ao que tudo indica, um sistema social que cria, molda, desvia, altera, dirige nossas escolhas. Há um pacto social, um inconsciente coletivo que nos faz estranhar a quantidade de conforto de que determinadas pessoas desfrutam etc.

Aliás, à medida que vai crescendo, o bebê mais rico também vai passando a ser penalizado por tal sistema de convívio. Tal bebê é penalizado porque ele mesmo vai aprendendo a ter angústias diante do conforto de determinados humanos e ele, além disso, vai também passando a ser tratado como pano de chão nos contextos e nas comparações em que ele mesmo é tido como "menos forte".

Ou seja, tanto o invejoso quanto o invejado são vitimados pelo mesmo costume, pela mesma força social. Tanto a pessoa que possui mais dinheiro quanto a pessoa que

eber hernandes

possui menos dinheiro têm angústias e prejuízos em tal processo.

De toda forma, a estrutura dos fatos mostra que se não existisse o pacto social aqui exposto, não haveria tamanho problema no fato de nascermos ali ou aqui, negros ou brancos, homens ou mulheres, com essa ou com aquela inteligência etc. A natureza é toda rica em diversificações e, mesmo assim, todo o eco sistema segue equilibrado fluente, perfeito.

No que concerne aos humanos, porém, a diversificação torna-se um tanto desconcertante porque, ou inclusive porque, o convívio coletivo construiu a ideia de que humanos com determinadas características são "menos fortes" e têm, portanto, que ter menos conforto.

Daí as escravizações e os maus tratos a determinadas pessoas, daí as angústias concernentes ao êxito de tais pessoas, daí nossos esforços para impedir que tais pessoas sejam felizes, daí o desespero para se alcançar riqueza infinita (e para fugir da situação de "fraco"), daí os distúrbios e ódios inclusive entre membros de famílias tão ricas e tão lindas, daí a dificuldade para se colocar em prática as boas instruções trazidas em livros tais quais *O Monge e o Executivo, O poder do Agora, Como Fazer Amigos e Conquistar Pessoas, O Segredo* etc, etc.

Inveja, dinheiro

e aplausos

É interessante reparar que embora haja forças sociais que interferem em nossa jornada, não nos é dado o direito de desistir. De forma que, se eu paro e digo que desisti, o meu coração continua pulsando o sangue, os meus pulmões

106

continuam puxando o ar, o meu corpo continua tendo sede de água etc. Se alguém diz que desistiu e que nunca mais vai a fonte buscar água para beber, por exemplo, a mente desse alguém continua pensando em água e suas trilhões de células todas continuam querendo água etc.

Tais tipos de fatos mostram que, não obstante as agruras ou injustiças, parece ser mais sensato insistir e seguir a diante.

É verdade que em muitos entrechos a ideia de procurar ser forte e ir em frente se mostra pouco afinada (ou quase contraria) a força social opositora invejosa, posto que, quanto mais um medíocre se esforça e tenta prosperar, mais ele tende a suscitar a oposição, o bloqueio, a inveja daqueles que o veem como medíocre. Por outro lado, quanto mais um medíocre se anula, se deprime, se isola (desiste) mais em paz ficam as demais pessoas. Daí a postura fracassada do hipocondríaco, daí a desistência de tanta gente.

Ou seja, a ideia de procurar ser forte parece ser bastante afinada com nossa pulsação biológica e essa mesma ideia (de procurar ser forte) parece ser pouco afinada com a força social opositora invejosa que amiúde nos cerca e nos restringe.

Mas quando alguém supera a força social e reverte o conceito das demais pessoas; ou seja, quando alguém vira o jogo e passa a ser visto como um gênio brilhante, rico "forte" etc, esse alguém geralmente passa a ser alvo de mais apreço, de mais apoio, de mais dinheiro, de mais aplausos.

eber hernandes

eber hernandes

Resumo

(com esclarecimentos)

A mordomia excessiva das árvores e dos animais não nos aflige (como o faz a mordomia de certos humanos) – porque tal aflição não é um traço genético nosso.

Incomoda-nos os direitos dos negros, da mulheres, das crianças, dos homens brancos – porque, esses grupos, em determinadas conjunturas, são "menos fortes".

Há muitos animais mais habilidosos, mais fortes, mais autoritários que nós, humanos – e nós ficamos tranquilos em paz sobre isso.

eber hernandes

Há também muitos humanos mais habilidosos, mais fortes, mais autoritários que nós – e nós ficamos tranquilos em paz sobre isso (porque temos deles um "conceito forte").

E os animais menos fortes e menos talentosos do que nós? Eles não nos deixam desconcertados de inveja? Não. Por quê? Porque a inveja não nos é um traço genético. Trata-se de construção social.

Quando estamos bem alimentados e de posse de boa saúde mental, costumamos aceitar com alegria e com naturalidade que os animais vivam livres e felizes (não temos oposição genética aos "menos fortes").

Mesmo quando estamos bem alimentados e de posse de boa saúde mental, não costumamos aceitar com alegria e com naturalidade que determinadas pessoas vivam livres e felizes.

Por quê?

Porque o sistema social causador da inveja é construído pelo homem, na interação com o homem e funciona somente entre os humanos.

No passado o trabalho era associado a castigo porque somente os "menos fortes" tinham que trabalhar – fracassados, inferiores, perdedores de guerra.

Hoje ainda muita gente exige trabalho pesado de si e dos outros – em muitos casos desnecessário. Isso não visando prosperar, se realizar, servir etc.

Mas sim, por conta do costume, da tradição, do hábito de impor sofrimento aos "menos fortes".

eber hernandes

No geral ao povo perdedor (da guerra) restavam duas
opções; ser exterminado ou ser escravizado.

Isso mostra que existe um pacto social abstrato antigo
que nos faz ter como normal o "trabalho" pesado dos
menos fortes. Pacto esse que nos faz ficar desconcertados
quando ele é quebrado.

Sem o pacto social gerador da inveja as pessoas
certamente fariam mais do que gostam e menos do que
não gostam. O trabalho seria algo mais aprazível,
terapêutico e atraente.

Aliás, eis aí um dos motivos pelos quais ainda hoje
milhões de pessoas deixam seu talento encostado e
dedicam anos de sua vida a um trabalho agastante,
irritante, penoso.

A medida que o modelo antigo é, em alguns lugares,
desconstruído, o trabalho converte-se de fato em uma
atividade mais agradável para algumas pessoas.
Essa melhora se dá inclusive (ou principalmente) por
conta do aperfeiçoamento da liberdade dc comercio.

Ainda se nota, de toda forma, a presença do sistema de
tradições misturado. Sistema esse que fez com que o
homem se habituasse a impor trabalhos mais pesados e
mais desconfortáveis a pessoas "menos fortes".

Trata-se do mesmo sistema de tradições que nos faz ficar
desconcertados de inveja.

Cavalos, cachorros, pássaros e outros animais são
também escravizados pelo homem. Mas essa
manipulação contra os animais não se dá por conta da

eber hernandes

mesma angústia que faz com que o homem se oponha a comodidade de outro homem

Exemplos:

a) O homem sempre derrubou árvores. Mas as árvores belas, frondosos e frutíferas que vivem uns 300 anos não costumam nos deixar desconcertados de oposição e de inveja.

b) Se o meu cachorro não trabalha e vive feliz, eu continuo em paz. Mas se é meu irmão, cunhado, filho, cônjuge quem não trabalha e vive feliz eu fico (em muitos casos) perturbado de oposição e de inveja.

Há, portanto, um mal-estar mais específico que acontece exclusivamente entre nós humanos. E esse mal-estar mais específico é o problema abordado pela presente teoria.

O homem só tem inveja do homem. Por quê? Porque a cultura criou cargos, títulos, hierarquias, uniformes, departamentos, salários que resultam na inveja; ou seja, no estranhamento da comodidade dos "menos fortes".

Nem sempre a perturbação humana é causada por inveja ou pela força social que nos faz ter inveja.

Exemplo;

a) Um bandido negro acaba de levar em um assalto o carro de alguém. A perturbação que esse alguém assaltado tem (contra o aludido negro) é diferente da inveja.

Um outro negro honesto esforçado, trabalha firme, junta o dinheiro e consegue comprar seu carro lindo; uma

eber hernandes

BMW zerada. A perturbação que temos nesse caso (contra esse outro negro) é a manifestação da inveja.

b) Uma mulher arrastada pela proposta comunista destrói sua ética, seus pudores, seu marido, seus filhos e se entrega as drogas (e ganha um bom dinheiro). O incomodo que se tem, assistindo a isso, não é inveja.

Uma outra mulher arrastada pela proposta cristã conservadora tem índole nobre, marido apaixonado e bem-sucedido, filhos estudiosos e ela mesma compra um BMW novo. O incomodo que se tem, assistindo a isso, é a própria inveja.

Os especialistas costumam misturar tudo. Mas a presente teoria procura dissecar, separar os assuntos e mostrar o real mecanismo de funcionamento e a real essência da inveja.

Quem vê o sujeito angustiado de olho no negro que vai embora com o carro (e não sabe que tal sujeito acaba de ser assaltado pelo negro que está levando o carro embora), pode pensar que o sujeito angustiado é um invejoso genético incurável. mas ele está angustiado porque foi assaltado (e não por inveja).

Crianças, por exemplo, também passam por esse tipo de confusão. Tira-se coisas importantes da criança e quando a criança se angustia, a tomamos por criaturas perturbada invejosa.

Os bebês ricos não são os criadores das maternidades ricas (nas quais eles nascem) e os bebês pobres não são os criadores das maternidades pobres (nas quais esses bebes pobres nascem).

113

Antes de nascermos, tais condições e tradições já estão no mundo.

Ao nascermos entramos para um realidade na qual as coisas são facilitadas para alguns e dificultadas para outros humanos.

O ser humano, ao menos recém-nascido, não escolhe tudo. Há um sistema social que cria, molda, desvia, dirige boa parte de nossas posturas.

Esse sistema (esse conjunto de forças sociais) nos faz estranhar a quantidade de conforto de que determinadas pessoas gozam.

Se não existisse tais forças sociais (e se o homem não fosse geneticamente mal), certamente não haveria problema no fato de nascermos ali ou aqui, negros ou brancos, homens ou mulheres, com essa ou com aquela inteligência etc.
A natureza é toda rica em variedades e em diversificações; e mesmo assim todo o eco sistema funciona fluente e perfeito.

A diversificação humana é desconcertante por quê? Inclusive (ou principalmente) porque o convívio coletivo criou a ideia de que humanos com determinadas características são inferiores e que humanos inferiores têm que ter menos comodidade.

Daí as escravizações e o maus tratos a determinadas pessoas, daí nosso esforço para impedir a alegria dessas pessoas, daí a angústia chamada inveja.

Apesar de forças sociais contrarias, não nos é dado o direito de desistir.

eber hernandes

Seu eu paro e digo que não vou mais buscar água nem respirar etc, minhas bilhões de células continuam tendo sede e o meu pulmão continua puxando o ar.

Parece ser mais alinhado com o natural insistir, avançar, seguir a diante.

Claro que, tentar ser feliz é algo que suscita inveja de algumas pessoas (o que por certo constitui um dos motivos pelos quais o hipocondríaco prefere manter-se adoentado).

Mesmo assim, a ideia de insistir e de procurar seguir a diante é alinhada com as forças biológicas naturais que nos querem fazer viver.

Tanto que, quando se supera a força social opositora, quando se reverte o conceito de "menos forte", quando se passa a ser visto como um grandioso atleta, inventor, artista, milionário esse alguém superador passa a receber apoio, apreço e dinheiro significativos.

eber hernandes

116

eber hernandes

IX

O complexo de inferioridade

e a força social

Como se vê, e conforme pensávamos no capítulo precedente, há contextos em que a pessoa rica sofre por sentir-se invejosa e há contextos em que a mesma pessoa rica sofre por sentir-se invejada. Assim, os bebês mais ricos também serão vitimados pela corrente social aqui exposta.

Aliás, muitas pessoas acreditam que são destratadas por estarem desempregadas, ou por estarem ocupando um cargo inferior, ou por estarem envergando determinada indumentária simples etc, etc. Em inúmeros casos, porém, esse pensamento é equivocado, visto que, pessoas muito

117

ricas, ou ocupando cargos muito elevados, ou muito bem-vestidas etc também são bloqueadas, desprezadas, invejadas.

Ou seja, não é principalmente o referido desemprego, cargo ou roupa o que justifica tais desprezos e maus tratos.

Tal questão fica mais clara quando olhamos por outro ângulo. Muitas pessoas têm certeza de que são destratadas principalmente por serem do sexo feminino, por exemplo; mas, acontece que inúmeras pessoas do sexo masculino também são bloqueadas, desprezadas, invejadas. Outras pessoas acreditam firmemente que são bloqueadas, desprezadas, invejadas principalmente por serem negras; mas, os fatos mostram que as pessoas brancas também são bloqueadas, desprezadas, invejadas. Há pessoas que acreditam que são menosprezadas principalmente por serem homossexuais; mas, muitas pessoas heterossexuais também são bloqueadas, desprezadas, invejadas. Há pessoas que acreditam que são desprezadas, bloqueadas porque sofrem de complexo de inferioridade; mas, inúmeras pessoas que não sofrem de complexo de inferioridade, também são desprezadas, bloqueadas invejadas. (E assim por diante).

Ou seja, em geral o problema principal não está na pessoa objeto da inveja e dos desprezos alheios. Até porque, em outras comparações e em outros contextos, essa mesma pessoa é, em muitos casos, aplaudida, acolhida apoiada etc. Ou seja, a pessoa que é bloqueada em determinados contextos por determinadas pessoas – que a tem por "menos forte", é a mesma pessoa que é apoiada em outros contextos por outras pessoas – que a veem como "mais forte".

Isso parece mostrar que o problema não está também especificamente no invejoso desprezador, visto que em outras comparações, com outras pessoas, em outros contextos etc esse mesmo invejoso opositor consegue ficar totalmente feliz e consegue ter postura completamente cooperativa.

Existe, portanto, segundo a minha tese, uma força social exterior a nós que já destruiu inclusive a inúmeras

eber hernandes

famílias ricas e lindas. Tal força é uma que nos fez castigar (ou que contribuiu para que castigássemos) a tantas crianças, mulheres, negros, pobres, homens brancos perdedores de guerra etc ao longo da história.

Essa força (esse pacto social abstrato) nos faz pensar que determinados humanos com determinadas características são "menos fortes"; nos faz pensar também que humanos "menos fortes" têm que ter menos comodidade, menos apreço. Se tais pessoas ameaçam ter mais comodidade ou mais apreço ficamos um tanto desconcertados. E esse desconcerto é exatamente a inveja.

A construção do time, da tristeza
e do suicídio

Eu comentava há pouco que a natureza – a realidade biológica, parece não dar ao homem o direito de desistir de suas atividades vitais. Mas, pergunta alguém, quando o homem se suicida, ele não escolhe? Não é ele mesmo quem decide desistir? Nem sempre.

As rigorosas tabelas do francês Durkheim mostram que o suicídio é, em geral, um fato social, um evento provocado pela força que os costumes (ou que a quebra dos costumes) exteriores exercem sobre a mente humana.

Aliás, certa feita o escritor Eduardo Hoornaert fez uma observação interessante: *"Quando um aristocrata se suicidava, era por tedium vitae (desgosto pela vida), mas quando um escravo cometia o absurdo, era por nequitia (perversidade)"*. O que isso significa? Ou melhor, o que é que isso tem a ver com nosso assunto?

Isso significa que além de haver uma força social que leva a pessoa ao suicídio, há também um outro costume

eber hernandes

antigo que nos faz pensar que o suicida mais rico é mais digno e que o suicida menos rico é menos digno.

Nota-se, de toda forma, que quando o meu grandioso time de futebol, por exemplo, perde o jogo eu fico desconcertado. Evidentemente quem criou o time e as regras que me fazem desconcertado nesses casos, foi o convívio coletivo de determinada região. Nota-se também, que o desconcerto que acontece nesses casos costuma acometer não só a um torcedor, mas também a outros torcedores envolvidos por tal time e por tais regras. Ou seja, há angústias que são construídas pelo homem e que são coletivas.

Essa angústia, que se dá pelo fracasso do time, faz com que alguns envolvidos tenham vontade de chorar, xingar ou até de se suicidarem. E esse tipo de suicídio é, evidentemente, um fato social, visto que, trata-se de um problema provocado por uma força geral, exterior e coercitiva construída pelo homem, construída por quem inventou o time, as regras etc.

Ou seja, a estrutura da realidade (termo que sigo tomando emprestado do pensador Olavo de Carvalho) mostra que, pelo menos nesses tipos de casos, quem deixa a pessoa perturbada e quem a leva ao suicídio não é sua escolha livre, mas sim, a força das referidas regras sociais que atuam sobre a mente dessa pessoa fazendo-a sentir-se de determinada maneira.

Tanto que os que não são dirigidos por tais regras, em geral não se suicidam – como, por exemplo, os animais e as crianças pequenas. Aliás, as pessoas que não estão sequer sabendo da existência do meu time, não são envolvidas pela mesma estranheza que me dilacera quando o meu time perde.

Fica claro, portanto, que há abalos e desconcertos que são, de fato, criados por costumes e por forças sociais.

Como se sabe, e conforme já comentei aqui, quem descobriu a relação entre essas forças sociais e esse tipo de suicídio, foi o esforçado sociólogo francês Émile Durkheim.

eber hernandes

Ele descobriu que as pessoas tendem a ficar desconcertadas quando acontece um abalo nas tradições ou nos paradigmas com os quais tais pessoas estão envolvidas, adaptadas, acostumadas.

Durkheim notou que há casos em que as pessoas ficam tão desconcertadas que chegam a se suicidarem.

Nesses casos temos os suicídios que ele mesmo nomeou de *anomicos* – que são aqueles em que, por exemplo, uma pessoa ganha muito dinheiro na loto e se suicida em seguida. Por que se suicida? Porque, de acordo com os costumes, é demasiadamente desconcertante um "fraco" ter tamanha alegria. Então, como eu dizia, quem percebeu e explicou a relação que há entre essas forças sociais e esse tipo de suicídio foi o Durkheim.

Agora, a percepção e a explicação da relação que há entre esse tipo de suicídio e a inveja é uma das mais interessantes contribuições trazidas pelo presente trabalho ao nosso planeta. Ou seja, quem percebe e explica a relação que há entre o suicídio e a inveja, é esse que voz fala – a saber, o autor da presente teoria.

Mas, a final de contas, que relação há entre o suicídio e a inveja? A relação é que em geral ambos são causados pela mesma força social. Ou seja, a pessoa que tem tamanho êxito (ganhadora da loto, por exemplo) pode se suicidar em seguida porque lhe é muito desconcertante o fato de um ser tão "fraco" ter tamanha alegria.

Quem nos faz pensar que determinadas pessoas são inferiores e que pessoas inferiores não podem ter muito conforto? O costume, a força social, o sistema de tradições abstrato, o inconsciente coletivo aqui exposto.

Por outro lado, a outra pessoa que fica vendo um ser tão "medíocre" ter tamanho êxito, pode sentir a referida perturbação (inveja). Por quê? Porque lhe é muito desconcertante o fato de um ser tão "fraco" ter tamanha alegria. Quem faz com que essa outra pessoa (que fica vendo) pense que determina pessoa é inferior e que pessoa

121

inferior não pode ter muito conforto? O mesmo costume, a mesma força social, o mesmo inconsciente coletivo.

Ou seja, além de ser uma construção social, o suicídio é causado pela mesma força social que nos faz ficar desconcertados de inveja.

Há, conforme víamos no começo, inúmeras pessoas que de acordo com os padrões sociais, "não valem nada". Pessoas que, ainda assim, se dizem invejadas. Porque mesmo "não valendo nada", a pessoa sente-se invejada? Porque ela é de fato invejada.

O dia a dia e a estrutura da realidade mostram que essa pessoa medíocre, ou desempregada, ou feia, ou obesa, ou sem família etc é de fato objeto dos desprezos, das oposições e dos maus tratos alheios. E esses desprezos são o motivo principal dos suicídios que Durkheim chama de egoístas; aqueles em que a pessoa fica, por exemplo, sem casamento, ou sem amigos, ou sem filhos e se suicida.

Ou seja, a força social que faz com que a pessoa se sinta rejeitada, excluída, bloqueada, invejada e a força social que leva a pessoa ao suicídio é exatamente a mesma.

Quando parece que o 'inferno'

são os outros

Por ocasião da abolição da escravatura no Brasil, por volta de 1888, os negros experientes, trabalhadores foram rejeitados. Preferia-se empregar o imigrante europeu. De modo que, conforme comenta a escritora Cristina Castilho em seu livro Sociologia, Introdução a Ciência da Sociedade: *"O negro que deixava de ser escravo, tinha que ir mendigar nas cidades"*.

eber hernandes

Aliás, ainda hoje milhares de vendedores ambulantes, criativos, honestos, perseverantes seguem sendo rejeitados e maltratados no dia a dia por milhares de outras pessoas. São rejeitados e maltratados inclusive vendedores brancos etc.

Esse tipo de quadro/fato mostra uma das principais razões pelas quais se pensa que o inferno são os outros, pois, como se nota, a maior parte das pessoas não compra os produtos do "menos forte". Aliás, a maioria das pessoas não o incentiva de verdade e não o apoia (ainda que ele seja muito esforçado, inteligente, trabalhador etc).

Não apenas isso. Além disso, a maior parte das pessoas tem certa angústia se um sujeito muito "fraco" ameaça receber muitos aplausos, confortos e benefícios etc. Trata-se, é claro, da própria essência da inveja aqui colocada.

Em outras palavras, os outros me perturbam e me são um inferno se eu sou um medíocre "menos forte" (que é bloqueado pela oposição e pela inveja desses outros) – como o são, por exemplo, tais vendedores ambulantes. Os outros me perturbam e me são um inferno, outrossim, se eles são "menos fortes" que ameaçam ter muito êxito – porque suscitarão em mim a perturbação chamada inveja.

Mas acontece que nem sempre temos a sensação de que o inferno são os outros. Em determinadas conjunturas temos, pelo contrário, a agradável sensação de que as outras pessoas são o próprio paraíso. Como pode?

Isso se dá porque, como me apraz frisar, a inveja não nos é uma realidade ingênita. E como não se trata de defeito genético nem de realidade biológica, então não será em todos os contextos e situações que os outros ser-me-ão um problema, um estorvo.

A referida perturbação só se dará em relação a alegria dos "fracos".

De modo que, em alguns auditórios, por exemplo, qualquer frase inútil que algum indivíduo famoso e bem-visto diz, gera facilmente vibrantes e calorosos aplausos da

123

plateia (que o tem em alta conta). Ou seja, em geral essa simpática plateia não será um inferno para a pessoa pela qual tal plateia tem um tipo especial de apreço. Tal plateia vê tal sujeito como "forte" o, por isso, o aplaude.

Daí ter-se a impressão de que o paraíso são os outros. Os outros não são um inferno para o "mais forte".

Dizem que ao final da segunda Guerra Mundial, por exemplo, grandes multinacionais abriram filiais em países do terceiro mundo. Para essas multinacionais consideradas "mais fortes", os terrenos eram cedidos de graça, não se cobrava impostos, a mão de obra era barata etc. Ou seja, todos compram os produtos do "mais forte"; todos o incentivam e o apoiam ainda que esse "forte" seja preguiçoso, feio, pouco inteligente etc. Nesse tipo de casos, os outros não lhe perturbam e não lhe são um inferno.

Resumindo, hora tem-se a impressão de que o inferno são os outros porque as outras pessoas bloqueiam e dificultam tudo. Para quem? Para o humano considerado inferior, "menos forte". E hora tem-se a impressão de que o paraíso são os outros porque as outras pessoas incentivam e facilitam tudo. Para quem? Para o humano considerado superior, "mais forte".

A força social e o 'inferno'

Agora, é oportuno observar que essa pessoa que facilita tudo para uns e que dificulta tudo para outros sou eu mesmo. Essa pessoa é cada um de nós, posto que, com se nota, somos nós mesmos quem no dia a dia segue o costume. Somos nós quem rejeita mais a umas e aplaude mais a outras pessoas. Ou seja, olhando mais para dentro parece ficar evidente que nesses casos o verdadeiro e principal problema

eber hernandes

é o sistema de social exterior a nós (que nos formata e que nos faz acostumados a proceder dessa forma um tanto distorcida).

Se o problema fosse mesmo eu – e não a cultura, então eu seria esse tipo de inferno sempre, em todos os contextos para todas as pessoas. Isso não é o que acontece.

Então o inferno são os outros? Claro que não. Se o problema fossem os outros, então eles também seriam esse tipo de inferno sempre, em todos os contextos para todas as pessoas. Isso não é o que acontece.

Quando eu ganho na loto, ou quando a minha empresa prospera muito, ou quando por qualquer razão eu começo a distribuir riquezas e confortos a meus familiares e amigos, por exemplo, o que acontece? Muitos desses meus familiares e amigos deixam de se opor a meu êxito, muitos mudam de conceito sobre mim, e, por conseguinte, deixam de ter mal-estar concernente a meu sucesso. Passam a me apoiar, me elogiar, me ser um amor de pessoa. Eu deixo, então, de ser um inferno para eles e eles deixam de ser um inferno para mim. Não é interessante?

Isso mostra que nesses casos o verdadeiro problema não sou eu nem são os outros, mas sim, a força social exterior a nós que nos faz acostumados a proceder de forma um tanto distorcida. Geralmente o referido sistema nos faz incomodados com o conforto "excessivo" de uma pessoa (enquanto temos um conceito pejorativo aludente a essa pessoa).

Considero possível que a compreensão desse tipo de mecanismo contribua para que no futuro algumas pessoas passem a se entender e a se apoiar melhor, mesmo quando não se ganha na loteria.

Da capacidade de ficar feliz com a felicidade

eber hernandes

Observando um gerente malvado e hostil no trabalho, notamos que ele normalmente trata aos funcionários novatos que trabalham em cargos inferiores, como pano de chão.

Quando, porém, tal gerente fica sabendo que um dos novatos fala seis idiomas fluentes, toca piano clássico, escreve fluente com ambas as mãos, redigiu três livros lindos e mora em uma luxuosa mansão a história muda. Em boa parte desses tipos de casos o gerente malvado deixa de ser tão hostil e malvado contra o referido novato e passa a dispensar-lhe um tratamento mais cuidadoso, amigável.

Lidar com o gerente deixa, então, de ser uma tarefa tão difícil e, por conseguinte, o inferno deixa de ser o outro.

Ou seja, quando o conceito do gerente (ou de qualquer pessoa) muda, tal gerente deixa de ser esse tipo de inferno para o chão de fábrica novato e o novato também deixa de ser um inferno para o gerente. Aliás, em muitos casos, tais pessoas passam a ser grandes e preciosos amigos um para o outro.

Fatos tais comprovam que no inconsciente coletivo consta que quem é "menos forte" tem que receber mais sofrimento e que quem é "mais forte" tem que receber mais apreço.

Quando, pelo contrário, um funcionário novato – ou qualquer pessoa "menos forte", ganha muita comodidade, entra no gerente (ou em qualquer pessoa que julga tal comodidade excessiva) um mal-estar específico chamado inveja.

Isso pode se dar quando se está, por exemplo, diante de uma pessoa que não sabe falar idiomas, não sabe tocar um instrumento, não sabe escrever corretamente, não mora em um bairro bom etc.

Em tais momentos o invejoso pode até se considerar incapaz de superar tal sentimento. Ele pode pensar-se incapaz de conseguir aceitar a felicidade do outro etc.

Os fatos mostram, entrementes, que esse mesmo gerente invejoso é sim, capaz de ficar feliz com a felicidade dos outros.

Aliás, a pessoa invejosa não é capaz de ficar feliz apenas com a felicidade das pessoas que já são tidas como "fortes". Conforme víamos, muitas pessoas pobres, por exemplo, ficam ricas e passaram a ser aceitas, queridas, aplaudidas. Ou seja, nós não temos o desconcerto-inveja diante do êxito de todas as pessoas pobres que ficam ricas ou que passam a ganhar muita comodidade. Muitas pessoas miseráveis que passam a ter êxito nos deixam sim, desconcertados, mas nem todas. Muitas outras pessoas miseráveis que passam a ter êxito nos deixam felizes.

Então não se trata de incapacidade fixa e genética de ficar feliz com a felicidade do outro. Trata-se mais exatamente, de como eu administro o meu sentimento de injustiça, as minhas comparações, o meu conceito sobre a outra pessoa.

Assim, quando a inveja inflama contra o progresso de um parente, de um amigo ou de um sócio que tenta prosperar seria, talvez, interessante pensar mais ou menos o seguinte:

Se eu aceito e gosto que outras pessoas sejam famosas, talentosas e milionárias, por que tenho que impedir o sucesso desse meu consanguíneo amado? É bom e justo que outras pessoas estranhas tenham êxito infinito e que eu impeça a felicidade desse ser humano próximo a mim? É realmente bom para mim, que eu tenha uma empresa, uma casamento, uma família, um grupo, fracassado impedido por mim mesmo, de progredir?

"Ah", pensa o invejoso em alguns casos, "mas ele vai progredir e eu não vou progredir". Ou, "Ah, mas ele vai progredir e vai passar na minha frente. Se ele progredir, eu

eber hernandes

vou ficar para trás." Neste caso talvez fosse interessante tentar pensar mais ou menos o seguinte:

A minha família, a minha empresa, o meu grupo, o meu bairro etc é melhor, mais forte, mais bonito se nele alguma pessoa pode progredir, ou se nele ninguém pode progredir? Um grupo absolutamente desunido, desintegrado e fracassado (onde eu não permita que ninguém prospere) é realmente melhor para mim? Geralmente não.

Da diferença entre inveja boa

e inveja má

Dando, então, sequência ao interessante raciocínio que eu desenvolvia há pouco, vemos que quando uma determinada pessoa (a quem eu inconscientemente julgo medíocre e idiota) fica bem de vida, eu, em certos casos, fico desconcertado e oposto. Por quê? Provavelmente porque depois que essa pessoa medíocre e idiota, progrediu, eu continuei tendo tal pessoa como medíocre idiota (não merecedora).

Acontece, entretanto, que não é sempre assim que a coisa acontece. Quando uma outra pessoa a quem eu julgo também medíocre e idiota, fica bem de vida eu (em certos casos) fico tranquilo e feliz. Por quê? Porque depois que essa outra pessoa "medíocre idiota" mudou, eu também mudei; depois que ela progrediu, eu inconscientemente passei a ter tal pessoa como digna, brilhante, merecedora, "mais forte". Daí a minha felicidade diante de seu êxito.

Essa evidente e irrefutável possibilidade de mudança em nosso sentir e em nossa postura, mostra (ou ao menos parece mostrar) a existência de uma inveja que não nos é uma incapacidade genética e/ou fixa.

eber hernandes

No geral trata-se de como eu administro os meus motivos, as minhas comparações, as minhas inteligências, as minhas percepções em meio aos costumes sociais que me balizam.

Aliás, toda essa mistura leva pessoas a pensarem que existe uma inveja boa e uma inveja má. O que ocorre? O que ocorre é que quando eu procedo em relação a um humano "mais forte" (por quem eu inconscientemente tenho um tipo especial de admiração) eu lhe desejo sucesso e sou tranquilamente feliz com seu êxito – não sou perverso. Em tais casos ainda que eu o imite, eu fico plenamente feliz diante do seu êxito. A minha postura em relação a essa pessoa constitui o que chamam de "inveja boa".

Já quando eu procedo em relação a um humano "menos forte" (a quem eu inconscientemente tenho como inferior, medíocre, indigno) eu lhe desejo fracasso e sinto angústia – caso ele ameace ter êxito. A minha postura em relação a essa pessoa constitui, pois, o que chamam de "inveja má". Ou seja, só existe angústia, oposição, inveja de verdade contra os "menos fortes".

eber hernandes

Resumo

(com esclarecimentos)

eber hernandes

Muitas pessoas acreditam que são destratadas e menosprezadas porque são mulheres, porque estão desempregadas, porque são negras, porque são homossexuais, porque são adolescentes ou porque tem cargo inferior na empresa etc.

Mas todos as pessoas em condições opostas dessa supracitadas também são destratadas e menosprezadas: homens, operários, brancos, heterossexuais, adultos, diretores etc.

Ou seja, o problema da inveja (oposição, desprezos) não está precisamente na pessoa objeto dos desprezos – até porque em outros contextos essa mesma pessoa desprezada, é bem-vista, aplaudida, respeitada etc.

O problema da inveja (oposição, desprezos) não está também no invejoso opositor – até porque em outros contextos essa mesma pessoa desprezadora consegue ser cooperativa e apoiadora etc.

Há uma força social que ao longo da história nos fez castigar inclusive a crianças, mulheres, negros, pessoas pobres, homens brancos perdedores de guerras etc.

Trata-se da força social que nos deixa desconcertados de estranheza e de inveja.

Comentei há pouco que a natureza não dá ao homem o direito de desistir (de viver, de respirar, de beber água).

eber hernandes

Mas, pergunta alguém, quando a pessoa se suicida essa pessoa não desistiu? Não foi essa pessoa que escolheu parar e sair da vida? Nem sempre.

Emile Durkheim descobriu que o suicídio é um fato social, um evento provocado por força social exterior, geral e coercitiva.

Se meu time de futebol favorito perde o jogo, eu posso ficar desconcertado.

O time e as regras do jogo e do campeonato são construídos por pessoas e não pela natureza.

Trata-se de desconcerto que acomete a mais pessoas que torcem como eu por meu time.

Ou seja; temos aí um fenômeno que é exterior, geral e coercitivo, temos um fato social, uma construção social.

Quando meu time perde eu sou invadido por uma estranheza que é gerada pela interferência em minha mente de um sistema social criado pelo homem. Sistema esse que é geral, exterior e coercitivo.

E essa estranheza pode me sufocar e me fazer abreviar minha própria vida.

Durkheim descobriu que as pessoas tendem a ficar desconcertadas quando acontece um abalo nas tradições com as quais tais pessoas estão adaptadas, familiarizadas; e que esse abalo leva pessoas ao suicídio.
Eu descobri que a mesma força social que gera o suicídio (o suicídio anômico, por exemplo) é a força social que faz com que sintamos inveja.

eber hernandes

Exemplo:

A pessoa pobre acerta as seis dezenas da loto e ganha 40 milhões de reais de uma só vez e de imediato. Vish! Ah, em muitos casos, um abalo na mente dessa pessoa; ela não está habituada a essa nova realidade.

a) Esse abalo pode fazer com que essa pessoa desperdice rapidamente todo e dinheiro e volte a viver na miséria.

b) Esse abalo pode fazer com que essa pessoa se sufoque, se suicide.

c) Esse mesmo abalo pode deixar dezenas de outras pessoas angustiadas e sufocadas de inveja – porque é muito estranho, anormal, desconcertante uma pessoa tão comum ter tamanha sorte.

Quando o terapeuta especialista (ou quando qualquer pessoa) revela incompreensão e sarcasmo concernentes a queixa do fracassado – que mesmo sendo um fracassado se diz vítima de bloqueio, perseguição e inveja, esse terapeuta comete erro grave.

Tal especialista não sabe como a inveja funciona. Ele acha que os mais ricos são os mais invejados etc.

Nesses casos, além de sofrer o bloqueio dos invejosos, o queixoso sofre também a sátira e a incompreensão do especialista.

Dizem que "o inferno são os outros". No campo da inveja, quando e por que o inferno são os outros?

eber hernandes

Quando eu sou tido como um "menos forte" ameaçando progredir, os outros hão de ser-me um inferno de oposição. Isso porque eles vão esforçar-se por impedir a minha felicidade.

Exemplo: vendedores ambulantes, ex-colônias, ex-escravos, imigrantes, microempresários que tentam sair da miséria.

Uma outra situação em que o outro há de ser-me um inferno é quando esse outro é um "menos forte" ameaçando progredir, sair de seu nível, mudar de classe socioeconômica.

Isso também há de me deixar um tanto desconcertado, incomodado, preocupado, perturbado – é a apropria inveja assolando-me.

Dizem que o ser humano é obra prima do criador. Quando e por que os outros hão de ser o paraíso?

Quando eu sou tido como um "mais forte" ameaçando progredir os outros hão de ser-me um paraíso de apoio.

Isso porque eles vão esforçar-se por apoiar minha ascensão ou vão no mínimo ficar felizes com meu progresso.

Exemplo: grandiosos artistas, atletas, atores, inventores bilionários mundialmente aclamados, aplaudidos apoiados.

Também são apoiados o papai, a mamãe, o titio, a titia etc pelos filhos e sobrinhos etc. Isso enquanto esses

eber hernandes

sobrinhos e filhos tem os pais, tios etc como "mais fortes".

Mas a final de contas, as pessoas são o inferno ou o paraíso? No tocante a inveja aqui exposta e explicada, as pessoas são mais ou menos neutras, virgens, passivas.

Quem determina tais e tais sentimentos e posturas é a força social exterior, geral e coercitiva.

Exemplos:

a) A pessoa que dificulta tudo para o "mais fraco" e que facilita tudo para o "mais forte" é a mesma – porque o problema não lhe é fixo, genético.

b) Em muitos casos essa mesma pessoa muda de postura em relação a mim, se eu prospero e deixo de ser por ela visto como um "menos forte" – porque o problema não lhe é fixo, genético.

Um gerente ou um tenente tido como hostil e carrasco costuma tratar a todos novatos como pano de chão.

Mas quando esse gerente descobre que um determinado novato fala 5 idiomas, toca piano clássico e mora em uma linda mansão a história geralmente muda.

No geral, nesses tipos de casos, o gerente passa a dispensar tratamento mais respeitoso ao aludido novato. Ou seja, quando o conceito muda, nossos sentimentos e a nossa postura também mudam.

eber hernandes

a) Isso indica (ou comprova) que não se trata de questão genética.

b) Isso mostra também, que em nosso inconsciente consta que pessoas mais inferiores devem ter menos apreço e que pessoas mais superiores devem ter mais apreço.

Em tais momentos (de inveja) o gerente desconcertado – ou qualquer pessoa, pode até pensar que tem problema incurável, insuperável e que é incapaz de ficar feliz diante da felicidade dos outros.

Entrementes, a estrutura da realidade (e a presente teoria) mostram que se trata de algo em muitos casos superável e desconstruível.

Tanto que, em inúmeros casos o mesmo gerente invejoso

a) Fica feliz com a felicidade das outras pessoas "mais fortes".

b) Fica feliz com a felicidade do "chão de fábrica" depois de saber se suas arrojadas e elegantes credenciais.

Aliás, inúmeras pessoas pobres ficam ricas e passam a ser aceitas, apoiadas, bem quistas – porque a inveja não é questão fixa, imutável, genética.

O ideal é que, de posse da presente conscientização, consigamos, ao menos em alguns casos, reverter e superar situações de inveja mesmo quando o a pessoa não ganha na loto, não apresenta credenciais estarrecedoras, não muda de classe social.

eber hernandes

Em geral não se acende velas e incensos para expurgar coisas tais quais o feminismo, o racismo ou o machismo. Por quê? Porque sabemos que o feminismo, o racismo, o machismo são fatos sociais e, portanto, tomamos outras medidas mais assertivas para resolver, descontruir, curar.

Por que se acende velas ou acender para expulsar a inveja e o olho gordo? Porque até o advento da presente explicação, nosso planeta não sabia como a inveja funcionava. Não se sabia que a inveja também é construção social desconstruível.

Pensava-se a inveja como problema genético – com o qual o ser humano já nasce; como problema psicológico – criado por um trauma específico da infância; ou/e como uma questão mística – provocado por espíritos do mau.

Uma forma de pensamento que pode ser de alguma ajuda na hora de tentar superar a inveja é a seguinte:

a) *"Se eu aceito e até gosto que outras pessoas sejam famosas, ricas, aplaudidas, então porque tenho que impedir a alegria desse meu cônjuge, irmão, sócio ...?"*

b) *É realmente bom e justo que outras pessoas (geralmente estranhas) tenham êxito infinito e que eu impeça a felicidade desse meu sócio, cônjuge, irmão ...?"*

c) *"É realmente bom para mim que eu tenha uma família, uma empresa, uma equipe, um bairro fracassados impedidos por mim mesmo de prosperar?"*

---

eber hernandes

Porque em certos casos a pessoa que tenho por medíocre progride e eu fico feliz – passo a ser seu apoiador, e em outros casos desse mesmo tipo eu fico triste e oposto?

Parece que o que se passa nesses casos é aproximadamente o seguinte:

a) A pessoa medíocre progrediu e o meu conceito sobre ela não mudou; eu sigo tendo tal pessoa como um "menos forte" – fico, portanto, angustiado com seu êxito.

b) A pessoa medíocre progrediu e o meu conceito mudou; eu parei de ter tal pessoa como um "menos forte", passei a vê-la como uma pessoa "mais forte" – fico, portanto, contente com seu êxito.

Qual é a diferença entre inveja boa e inveja má?

a) Quando eu procedo em relação a uma pessoa sobre a qual eu tenho um conceito respeitável, digno, nobre, "mais forte" eu lhe desejo sucesso, sou tranquilamente feliz com seu êxito – inclusive quando eu imito essa pessoa.

b) Quando eu procedo em relação a uma pessoa sobre a qual eu tenho um conceito desprezível ou indigno – "menos forte", eu lhe desejo fracasso e fico desconcertado com seu êxito.

Ou seja, só existe inveja de verdade contra os "menos fortes" (nas situações, contextos, comparações e conjunturas em que o invejado é tido como medíocre)

Qual é a diferença entre as pessoa que aqui são chamadas de "mais fortes" para aqueles que aqui são chamadas de "mais fracas"?

a) "Mais fortes" são aquelas pessoas pelas quais se tem um tipo específico de apreço.

b) "Mais fracas" (ou "menos fortes") são aquelas pessoas pelas quais se tem um tipo específico de desprezo.

eber hernandes

X

O dado causador da impressão

(que a inveja é mais intensa entre iguais)

Devido a formatações sociais acontece de uma pessoa se considerar indigna de determinadas alegrias. Vemos isso no caso dos samurais "ineficientes" que se suicidavam no Japão, por exemplo; ou no caso do indivíduo pobre que desperdiça rápido toda a fortuna que acaba de ganhar na loto; ou no caso do indivíduo que vive na miséria e que se recusa a prosperar etc.

Em tais casos a pessoa inconscientemente se opõe ao seu próprio êxito por considerar-se indigna "fraca".

Ocorre que, quando eu tenho um conceito pejorativo sobre mim mesmo, não me é estranha somente a minha própria felicidade; eu vou estranhar, também, a felicidade do outro humano do mesmo nível, gênero, cor etc que eu: "*Se eu que sou eu, não posso*"; pensa o miserável invejoso, "*porque esse medíocre igual a mim, pode?*"

Daí a minha oposição a comodidade do meu semelhante, daí a minha angústia diante do excesso de conforto do meu congênere da mesma profissão, do mesmo bairro, do mesmo sexo, da mesma cor, do mesmo nível, da mesma família, do mesmo grupo etc.

Em outras palavras, há balizas sociais abstratas que estabelecem os limites da mulher, do negro, do líder, da criança, do enfermeiro, do médico, do diretor, do milionário etc. E quando alguém excede esse limite, esse alguém causa angústia inclusive em seu próprio grupo, em seus semelhantes.

Assim, onde o inconsciente do homem branco aprendeu que homem branco tem que ser limitado, eles se bloqueiam, se limitam (se invejam) uns às outros; onde o inconsciente da mulher aprendeu que mulher tem que ser limitada, elas se bloqueiam, se limitam (se invejam) umas às outras; onde o inconsciente do negro aprendeu que negro tem que ser limitado, eles se bloqueiam, se limitam (se invejam) uns aos outros; onde o inconsciente do porteiro aprendeu que porteiros têm que ser limitados, eles se bloqueiam se limitam (se invejam) uns aos outros. E assim por diante.

Essa interessante constante é, de acordo com o harmônico palpite trazido pela presente teoria, a razão principal pela qual se tem a impressão que a inveja se dá de forma mais frequente e mais intensa entre pessoas afins, semelhantes: mulher/mulher, negro/negro, líder/líder etc.

Acontece que embora a ideia de que a inveja se dá de forma mais intensa e/ou mais frequente entre pessoas semelhantes pareça verdadeira, trata de mais um equívoco difundido pelos grandes estudiosos do tema. Conforme veremos no próximo tópico, a inveja não é mais frequente nem mais intensa entre pessoas iguais.

Ou seja (conforme se nota) o presente trabalho não mostra apenas o que é que a comunidade cientifica fala de equivocado concernente a inveja. A presente obra mostra, além disso, (ou procura mostrar) o que leva tais cientistas a cometerem tais e tais equívocos. Mas não apenas isso. Além disso, a presente teoria explica de forma harmônica e coerente, como o mecanismo da inveja realmente funciona.

A inveja não é mais intensa nem mais frequente

entre pessoas semelhantes

Mas, como assim? Se as pessoas do mesmo grupo costumam se limitar e se bloquear umas as outras, então como pode a inveja não ser mais intensa nem mais frequente entre iguais?

Se observamos, por exemplo, um branco "menos forte" diante de dois negros, o comprovamos facilmente. Basta, para tanto, fazermos com que o branco "menos forte" tenha muito êxito e muita mordomia. Verificaremos, então, que a inveja dos dois negros é imediatamente canalizada contra esse branco considerado inferior (que tem muita mordomia).

Em geral, a angústia que os dois negros (semelhantes) sentem, não fica entre eles; não acontece entre os iguais, de negro contra negro. Tal angústia é sempre canalizada em oposição ao branco sortudo – mesmo sendo ele um branco, um diferente.

Esse padrão de comportamento se repete quando, por exemplo, uma vizinha pobre compra um carrão importado novo, ou quando essa vizinha pobre ganha na loteria. Em tais casos o grupo de homens (iguais) não fica se opondo entre si, entre os iguais machos. O incomodo deles é sempre inflamado contra a intrigante vizinha sortuda.

Se o marido fracassado e pobretão, fica folgado vendo filmes à tarde em casa, a mulher geralmente não fica oposta à sua amiga mulher (semelhante). Essa mulher, ao contrário, tem farnizio, incômodo, perturbação e ódio contra a alegria "excessiva" do seu companheiro macho.

A inveja, portanto, se dá mais intensa e mais frequentemente contra a comodidade da pessoa sobre a qual temos um conceito pejorativo – e não entre pessoas iguais.

De modo que é fácil acontecer de um negro comum gostar que o ator Denzel Washington (negro, semelhante)

eber hernandes

seja aplaudido e receba uns 2 milhões de dólares por mês. É, ao mesmo tempo, difícil acontecer de um negro comum gostar que o colega engenheiro (branco, diferente) seja promovido, ou entre no pós-doutorado, ou ganhe uma herança milionária, ou se torne um empresário de sucesso.

É fácil acontecer de uma mulher comum gostar que a cantora Mariah Carey (mulher, semelhante) seja aplaudida e receba uns 2 milhões de dólares por mês – pois, nem sempre a inveja se dá entre pessoas iguais. É, ao mesmo tempo, difícil acontecer de uma mulher comum gostar que o colega professor (macho, diferente) seja promovido, ou entre no doutorado, ou lance um livro best-seller, ou se torne um empresário de sucesso etc. Pois, como eu disse, nem sempre a inveja se dá entre pessoas iguais, mas sim, contra a comodidade da pessoa que é inconscientemente considerada inferior.

O brilho do outro, a competição

e a doença

Eu tenho instinto de sobrevivência, e tal impulso biológico me faz querer avançar, buscar segurança, conforto etc. O outro humano também tem o mesmo instinto e tal instinto também o faz buscar por conforto, segurança etc. Então os especialistas misturam tudo. Pensam que tudo é inveja. Pensam que o outro está se esforçando porque quer tomar o que é meu, ou porque quer ter o meu brilho, ou porque quer ser igual a mim etc.

Acontece, entretanto, que é plenamente possível que uma pessoa esteja se esforçando porque tem o mesmo instinto de preservação da vida que eu tenho – e não necessariamente porque está com inveja contra o meu êxito.

144

eber hernandes

Eu sou socialmente formatado para a prosperidade e a outra pessoa também é socialmente formatada para a prosperidade. Tal educação me faz avançar, buscar progresso etc. Ora, a outra pessoa também se avexa na busca por progresso porque ela recebeu a mesma educação e vive cercada pelo mesmo sistema social que me impulsiona.

Então os estudiosos misturam tudo de novo. Pensam que tudo é inveja. Pensam que tal pessoa está se esforçando porque quer tomar o que é meu, ou porque quer ser igual a mim, ou porque quer ter o meu brilho etc.

Entretanto a pessoa, em inúmeros casos, não quer nada do que pertence ao outro. Aliás, o próprio invejoso, em inúmeros casos, não quer nada do que pertence ao invejado.

Em inúmeras situações estamos em busca do bom e do melhor porque nosso instinto e a nossa cultura assim nos impulsionam – e não necessariamente porque estamos invejando ou nos opondo ao êxito da outra pessoa.

Agora; é interessante notar que mesmo quando estou de fato sentindo mal-estar diante da alegria de outra pessoa (ou quando estou realmente oposto a seu conforto) eu não quero tomar nada do que é dela. Em muitos casos eu não quero ser ela, nem ter o brilho dela, nem nada disso. Portanto isso (tomar o que é do outro, ou ser o outro, ou ter o brilho do outro etc) não explica a inveja. Não é isso o que acontece nos casos de inveja.

Geralmente o que se quer é que seja diminuído o conforto de tal pessoa – já que, o inconsciente do angustiado considera injusto tamanho prazer para tal criatura.

Tanto que, geralmente quando alguém é acusado de invejoso, esse acusado diz mais ou menos o seguinte: *"Eu? com inveja desse medíocre? Nunca!"* Por que o acusado diz isso? Porque no inconsciente dele (do invejoso) a pessoa invejada é medíocre demais para gozar de tamanho êxito, ou para ser invejada.

Aliás, quando é uma outra pessoa – uma pessoa "mais forte", quem está desfrutando de determinado êxito, o

eber hernandes

mesmo invejoso consegue ficar totalmente cooperativo e feliz.

Resumindo, a pessoa tenta avançar por conta do seu próprio instinto de vida e por conta da cultura que a influência (e não necessariamente por inveja contra o êxito do outro). Ou seja, o fato de alguém querer viver, competir, avançar não significa que esse alguém esteja com inveja.

Já o contrário sim, deixa claro que há algum problema. Uma criança, por exemplo, que não quer mais se alimentar, reagir, brincar, vencer, viver está, por certo, adoentada.

O que o invejoso quer

Geralmente, conforme víamos, mesmo quando determinada pessoa está de fato oposta ao êxito de outrem, tal pessoa não quer ser esse outrem, nem quer ter o brilho dele, nem quer tomar o que ele possui nem nada disso. Em absolutamente todos os casos de inveja o que o invejoso quer é que o "normal e correto" aconteça. Ou seja, ele quer "justiça".

Como lhe foi ensinado que pessoas "menos fortes" devem ter menos comodidades, esse passa a ser o seu anseio (o invejoso quer que a pessoa "menos forte" tenha menos comodidades). Por quê? Porque a cultura lhe incutiu na mente que isso é o normal, justo e correto.

Constatamos, pois, que a inveja acontece sempre aliada a um sentimento de injustiça. Sentimento esse que se deve a força social que nos dirige a parte menos consciente da mente. Ou seja, somos acometidos pela angústia chamada inveja porque acontece uma espécie de "erro" na situação.

Assim, em certos casos eu tenho tal desconcerto porque vejo pessoas "menos fortes" terem mais comodidade "do que deveriam ter" e, em outros casos, tenho tal

eber hernandes

desconcerto porque trabalhei mais, me esforcei mais e, ainda assim, fiquei com menos aplausos e com menos benefícios etc do que o outro.

Desnecessário dizer que perceber e procurar resolver tais causas e tais injustiças entre nossos filhos, por exemplo, pode ser um pouco melhor resultante do que já assumir de pronto que todas as posturas da criança são perversas, biológicas, incuráveis.

O benefício que o outro ganhou é valioso na ótica do invejoso

Além do instinto de sobrevivência, da formatação social e da sede de justiça, qual seria a outra razão pela qual os estudiosos são levados a pensar que o invejoso quer tomar o que é do outro?

A importância. A conquista do outro só há de me perturbar se o meu juízo inconsciente considerar que aquela conquista é algo valioso, importante.

Eu, suponhamos, sou o médico diretor do grande hospital e quero muito ter um determinado carro luxuoso, mas, não consigo juntar o dinheiro todo para comprá-lo. Um dia, porém, me chega um funcionário simples que trabalha lá embaixo como auxiliar de enfermagem dirigindo a luxuosa Ferrari que ele acaba de comprar. Vish! Tal sena terá grande chance de me deixar angustiado, inclusive porque aquele carrão luxuoso é algo que eu aprecio.

O fato de aquele benefício que o outro ganhou ser gostoso, bom, valioso na ótica do invejoso explica por que alguns acontecimentos me causam inveja e outros acontecimentos não. O fato de aquele benefício que o outro ganhou ser valioso na ótica do invejoso explica também por que uma pessoa se arde de inveja em uma determinada situação e a outra pessoa fica totalmente em paz diante da mesma situação. O fato de aquele benefício ser valioso explica, outrossim, porque os especialistas são levados a pensar que a inveja é um problema psicológico, individual, particular. Tal fato explica, além disso, porque tem-se a impressão que o invejoso quer ter ou tomar o que é do outro etc. Mas o sentimento real é de injustiça (e não necessariamente de querer aquilo que é do outro).

Em alguém que não vê graça em automóveis, a Ferrari do funcionário simples geralmente não suscita tamanho desconcerto. Aliás, em muitos casos, tal acontecimento (a compra da Ferrari) não chega sequer a ser percebido. Tanto que, diariamente acontecem milhares de coisas magníficas em nosso mundo e nós de fato sequer as notamos.

O fator principal para que a inveja

aconteça

Mas, pergunta alguém, se as pessoas roubam e matam por inveja, como pode o invejoso não querer tomar o que é do outro?

Inúmeras pessoas muito fartas, realizadas, ricas e lindas nunca querem ser ou ter nada do que outras pessoas frustradas, pobres, feias são ou tem. E, entretanto, mesmo não querendo nada do que é do outro, tais pessoas ricas e lindas sentem, em muitos casos, angústia diante da comodidade "excessiva" de pessoas consideradas feias e pobres. Ou seja, em inúmeros casos o invejoso não quer nada do que é da pessoa invejada.

Um exemplo disso é o caso do ricaço que se angustia vendo a boa vida do porteiro do prédio. No presente, graças, talvez, a certa evolução ou a certa

eber hernandes

desconstrução do padrão antigo, muitos condôminos bem-sucedidos vão apenas reclamar a respeito com o síndico.

No passado, porém, muitas pessoas ricas e lindas não apenas se incomodavam com o conforto das pessoas "inferiores". Tais pessoas, além disso, escravizavam e açoitavam com violência a pessoas tidas como inferiores.

Outro exemplo disso (de que o invejoso em muitos casos não quer nada daquilo que pertence ao invejado) é o caso do artista bilionário que se incomoda com o sucesso do cantor brega iniciante. Outro exemplo é a oposição entre negros e brancos, homens e mulheres etc. Em todos esses tipos de casos o opositor incomodado invejoso não quer nem ser o que o invejado é, nem ter o que o invejado tem.

Geralmente quando um homem se sente angustiado diante da felicidade de uma mulher, ele não quer ser mulher; o que ele quer é que seja reduzido o conforto dela. Quando uma mulher se incomoda com a felicidade de um homem, ela não quer ser homem, mas sim, que seja reduzido o conforto dele. Quando um carrasco se opõe a alegria de um súdito e o açoita, esse carrasco não quer ser um escravo ou ter vida de escravo etc.

Portanto invejar não é querer o que é do outro, ou querer ser o outro, ou querer o brilho do outro.

É possível sim, que, em algum caso, as coisas coincidam e que, além de ter inveja (oposição ao conforto do "menos forte") a pessoa tenha também vontade de ter aquilo que o invejado tem ou ser aquilo que ele é.

Dizer, entretanto, que a inveja acontece porque queremos ter o brilho que a outra pessoa tem, ou que a inveja acontece porque queremos possuir as posses que ela possui, não é exato. Trata-se, por certo, de fala equivocada que não explica os fatos e que não corresponde aos fatos.

Não é em todos os casos que o invejoso quer ser ou ter o que é do outro e, portanto, querer o que é do outro não é o fator principal para que a inveja aconteça.

Agora, em todos os casos de inveja (mesmo quando eu não quero ser nem ter nada do que pertence a outra

eber hernandes

pessoa) eu tenho tal pessoa como muito medíocre para desfrutar de tamanha comodidade. Esse é, portanto, o fator principal para que a inveja aconteça. Eis exposto e explicado o mistério da inveja. A inveja acontece porque o sistema de tradições (ou o pacto social) que me dirige a mente, é abruptamente contrariado, quebrado. Ou seja, a inveja acontece porque alguém "manos forte" tem mais comodidade "do que deveria ter".

Quando se entende e se desfaz

o nazismo

Se, por exemplo, uma mulher mata um homem, seria precipitado dizer que tal mulher é feminista e que foi por ser feminista que ela praticou tal crime (visto que pode ser que ela não seja feminista). Se uma mulher que é feminista, mata um homem, seria, ainda assim, precipitado concluir que foi por ser feminista que ela praticou tal crime (pois pode ser que, mesmo sendo feminista, ela não tenha cometido tal crime por ser feminista).

Ou seja, nem todos os crimes desse tipo acontecem por feminismo, assim como nem todos os outros tipos de maldades se dão por inveja. Há, aliás, muitos homens não feministas que também assassinam mulheres etc.

Suponhamos, contudo, que uma mulher é feminista e que essa mulher feminista mata um homem justamente por ser feminista; digamos que ela tenha cometido tal crime por causa da força que o feminismo radical exerce sobre sua mente.

Ora, ainda assim poderia ser equivocado concluir que o feminismo é uma realidade biológica e que tal mulher cometeu tal atrocidade por ser portadora dessa qualidade

eber hernandes

ingênita imutável, pois, como se sabe, o feminismo não é uma realidade inata, mas sim, uma construção social.

Aliás, é interessante notar que neste tipo de casos, se não existisse o feminismo comunista, tal mulher provavelmente não teria assassinado a tal homem – assim como se não existisse o nazismo, tais alemães provavelmente não teriam assassinado a tais judeus no holocausto etc.

Há, portanto alguns problemas que são motivados por formatação social – e não necessariamente por uma questão ingênita, fixa incorrigível. E de acordo com os cálculos da presente teoria; ou melhor, de acordo com a estrutura da realidade (exposta pela presente teoria) um esquema semelhante se verifica no tocante a inveja.

Assim, se, por exemplo, um aluno ou um filho pratica uma ação rebelada ou até criminosa, pode ser um tanto precipitado assegurar que tal aluno se porta de tal maneira por ser invejoso ingênito incurável (visto que as pessoas cometem atrocidades por diversas razões, que não necessariamente por inveja).

E mesmo quando o fazem por inveja, segue sendo um tanto equivocado assegurar que a inveja é um realidade biológica (fixa incurável), pois, como temos visto, há uma força social exterior a nós que nos faz ter inveja – assim como há uma força social exterior a nós que faz com que uma mulher digna e preciosa, por exemplo, seja convertida em uma feminista radical violenta.

Portanto quando dois irmãos, alunos, cônjuges ou grupos se desentendem, podemos misturar tudo com maldade ingênita – conforme, aliás, se costuma fazer em tantos casos; ou podemos considerar a possibilidade de alguns desentendimentos serem causados por um pacto social exterior a nós.

Com essa segunda interpretação (a do pacto social exterior afetando-nos a mente) será, talvez, mais suscetível que o problema se suavize e que as pessoas passem a se

eber hernandes

entender melhor. Com essa interpretação se pode, talvez, criar estratégias e soluções mais eficientes a respeito.

A história mostra que quando se entende e se desfaz o nazismo, muitos alemães deixam de matar a judeus; quando entende e se desfaz o feminismo comunista, muitas famílias deixam de ser destruídas, e assim por diante. Então me perece razoável supor que, da mesma forma, quando se entende e se desfaz a inveja, muitas dores (ou ao menos algumas dores) podem ser remediadas.

eber hernandes

eber hernandes

Resumo

(com esclarecimentos)

O que leva os especialistas a pensarem que a inveja é mais intensa e mais frequente entre iguais – mulher/mulher, negro/negro, líder/líder etc?

As forças sociais fazem com que cada grupo de pessoas se limite dentro do seu nível/padrão.

Exemplos;

a) Um enfermeiro tem que ter uniforme, salário, tratamento de enfermeiro.

 b) Um sujeito sortudo gasta rápido todo o dinheiro que acaba de ganhar na loto e volta a viver na miséria.

O detalhe importante é que, embalada pela força social coercitiva, a pessoa não se opõe apenas a seu próprio êxito; mas também ao êxito do seu semelhante (do mesmo nível, grupo, família, cor, gênero, profissão etc).

Ele pensa mais ou menos assim; *"se eu que sou eu não posso, porque esse idiota igual a mim pode?"*

Daí minha oposição inclusive a comodidade "excessiva" do meu semelhante.

eber hernandes

As balizas sociais estabelecem os limites da mulher, do homem branco, do negro, da criança, do enfermeiro, do médico, do proprietário do hospital etc.

Toda vez que alguém ultrapassa ou ameaça ultrapassar essas balizas, gera-se angústia, oposição, inveja – inclusive no próprio grupo, nos semelhantes.

Assim, muitas mulheres se limitam umas as outras, muitos homens brancos se limitam uns aos outros, muitos negros se limitam uns aos outros, muitas crianças se limitam umas às outras, muitos milionários se limitam uns aos outros e assim por diante (com artistas, médicos, empresários etc).

Eis, de acordo com o palpite trazido pela presente teoria, a razão pela qual os especialistas têm a impressão que a inveja é mais intensa e mais recorrente entre semelhantes.

Cabe observar, com tais ensejos, que o presente trabalho mostra o que é que leva a comunidade científica a pensar de determinada maneira – conforme o trecho supra exposto.

Mas não apenas isso. Mostramos, também, que tais cientistas estão equivocados e que inveja não é mais frequente e/ou mais intensa entre pessoas iguais.

Exemplos:

a) Observemos um homem branco "menos forte" diante de dois negros comuns. Quando o branco estourar nas paradas com uma música de sucesso notar-se-á, no geral, que a inveja deles (dos dois negros) acontecerá mais acentuada em relação a mordomia "excessiva" do branco sortudo.

155

eber hernandes

b) Observemos uma vizinha mulher tida como "menos forte" diante de dois homens comuns. Quando a aludida vizinha mulher "medíocre" acertar as seis dezenas da loto notar-se-á, no geral, que a inveja deles (dos dois machos) acontecerá mais intensa em relação a mordomia "excessiva" da mulher sortuda.

c) Observemos um marido macho tido como "menos forte" diante de duas amigas comuns. Quando o aludido marido medíocre ficar feliz "demais" em casa vendo televisão, ou se divertindo muito com os amigos etc, notar-se-á, no geral, que a inveja delas (das duas mulheres) acontecerá mais acentuada em relação a mordomia "excessiva" do homem.

Portanto a inveja é mais frequente e mais intensa em relação a alegria da pessoa tida como medíocre fraca (e não entre iguais).

Ou seja, o dado mais importante para que a inveja aconteça não é que o outro seja um semelhante ou um do mesmo grupo.

O dado mais importante para que a inveja aconteça é que o outro seja um "menos forte" e que esse menos forte prospere ou ameace prosperar.

Exemplos:

a) É fácil acontecer de um negro gostar que o ator Denzel Washington (negro – semelhante) seja mundialmente aplaudido e receba uns 2 milhões de dólares todos os meses.

eber hernandes

É difícil acontecer de um negro comum gostar que o colega branco – cor diferente, seja promovido, entre no pós-doutorado ou torne-se um empresário de sucesso.

b) É fácil acontecer de uma mulher gostar que a cantora Mariah Carey (mulher – igual) seja mundialmente aplaudida e receba uns dois milhões de dólares todos os meses.

É difícil acontecer de uma mulher gostar que o colega professor (macho – diferente) lance um best-seller, estoure com uma música de sucesso ou monte um negócio exitoso.

Eu tenho instinto de sobrevivência e a outra pessoa também o tem. Esse meu instinto biológico me faz buscar conforto e faz com que o outro humano também vá em busca de conforto.

Daí os especialistas são induzidos a misturar tudo; pensam que tudo é inveja.

Mas a pessoa pode estar se esforçando (igual a mim) por conta de seu instinto de sobrevivência – e não necessariamente por inveja de mim.

Eu sou educado para estudar, trabalhar, progredir e o outro humano também o é.

Tal educação me faz avançar e faz com que a outra pessoa também avance, se esforce.

Daí os especialistas tendem a misturar tudo de novo; pensam que tudo é inveja.

eber hernandes

Pensam que a outra pessoa está se esforçando por que quer meu brilho, quer minhas posses, quer ser eu, quer ser igual a mim etc

Entretanto a inveja não tem nada a ver com querer o que é do outro, querer ser o outro, querer o brilho do outro, sentir-se inferior ao outro etc.

Estamos em busca do bom e do melhor porque o instinto e a cultura assim nos impulsionam – e não necessariamente porque estamos com inveja.

As explicações, portanto, colocadas pelos especialistas para a inveja costumam ser contraditórias, incoerentes, incompatíveis com a estrutura da realidade e cheias de lacunas.

Tais "explicações" não explicam de fato aquilo que realmente acontece nos casos de inveja.

O acusado de invejoso geralmente diz ou pensa o seguinte – em relação ao invejado: *"Eu com inveja desse lixo? Nunca!"*

Por que o invejoso pensa assim? Porque na ótica do invejoso, o invejado é medíocre demais para gozar de tamanho prestígio.

O que é que o invejoso realmente quer? Ele quer o normal e correto aconteça. E como lhe foi incutido na mente que o normal e correto é que pessoas "menos fortes" tenham menos comodidade, então seu anseio é que o conforto do "menos forte" seja reduzido.

A inveja vem, em muitos casos, aliada a um sentimento de injustiça.

eber hernandes

Por exemplo; em certos casos eu tenho tal angustia porque me esforcei mais, trabalhei mais, produzi mais e, mesmo assim, fiquei com menos aplausos e com menos benefícios do que a outra pessoa – isso é desconcertante.

Perceber e procurar ajustar tais injustiças (ou ao menos algumas de tais injustiças) entre nossos filhos, alunos, empregados etc pode ser melhor resultante do que assumir de pronto que se trata de pessoas geneticamente invejosas incuráveis.

Temos então; a) o instinto de sobrevivência, b) a formatação social e c) a sede de justiça. Essas realidades nos fazem misturar e confundir a inveja com outras posturas humanas).

Há outra interessante razão pela qual os especialistas são levados a pensar que o invejoso quer (tomar) o que é do outro?

Sim. A importância. Aquela conquista do invejado é geralmente valiosa aos olhos do invejoso.

Exemplo;

Eu sou o grandioso respeitado cardiologista cirurgião do hospital. Quero muito comprar um BMW luxuoso, caro zerado, mas não consigo juntar todo o dinheiro para tal.

Um dia me chega no hospital o auxiliar de enfermagem dirigindo um BMW luxuoso caro zerado que ele acaba de comprar. Vish!

eber hernandes

Tal tipo de evento terá grandes chances de me deixar angustiado, constrangido, desconcertado.

Isso ajuda a explicar algumas coisas;

a) Porque determinadas conquistas do outro perturbam a mim e não perturbam a outra pessoa.

b) Porque os especialistas são induzidos a concluir que a inveja é problema individual, particular devido a um trauma específico da infância.

c) Porque determinadas conquistas do outro me perturbam e outras conquistas desse outro não me perturbam.

d) Porque tem-se a impressão que o invejoso está desconcertado porque ele quer ter aquilo que o invejado tem.

Em muitos casos aquela conquista não chega sequer a ser percebida (por alguém que não tem qualquer interesse por BMW ou por carros).

Diariamente acontecem coisas magnificas em nosso entorno e em nosso planeta e nós sequer as notamos.

Cabe, de toda forma, frisar que ainda que eu tenha 5 BMW zeradas eu hei de ficar desconcertado caso eu julgue que o auxiliar é muito medíocre para gozar de tamanha comodidade.

Ou seja, a inveja não se dá porque o invejoso se sente inferior ao invejado etc. Isso é conversa que quem não tem noção da verdadeira essência e do verdadeiro mecanismo de funcionamento da inveja.

eber hernandes

Ou seja, isso é conversa de quem ainda não teve contato com o presente trabalho.

Mas como pode, pensa alguém, o invejoso não querer o que é do outro se as pessoas roubam e matam por inveja?

Inúmeras pessoas ricas e fartas nunca querem ser nem ter nada do que outras pessoas pobres são ou têm.

E, mesmo assim, tais pessoas ricas sentem a angústia em relação ao conforto excessivo de pessoas "menos fortes".

Ou seja, pode haver mistura de sentimentos, motivos etc. mas querer o que é do outro não é o que explica a inveja – em inúmeros casos o invejoso não quer nada do que é ou do que pertence ao invejado.

Exemplos;

a) Condômino ricaço que se incomoda e que se perturba aludente a "vida boa" do porteiro do prédio.

Atualmente vai-se apenas queixar-se ao síndico, pede-se a substituição do referido porteiro etc. No passado, entrementes, tais incomodados escravizavam e açoitavam pessoas "menos fortes".

b) Negros e branco; homens e mulheres; patrões e empregados opõem-se a alegria uns dos outros.

Quando um homem se incomoda com a alegria excessiva de uma mulher, ele (em geral) não quer ser mulher. Quando um carrasco se incomoda com a alegria de um subalterno, ele não quer converter-se em subalterno.

161

eber hernandes

c) Bilionários da opera angustiam-se aludente ao sucesso do cantor brega iniciante.

Se uma mulher mata um homem, seria precipitado assumir que essa mulher assassinou esse homem por ser ela uma feminista (pois pode ser que ela não seja feminista).

Se essa mulher é feminista e matou o sujeito, ainda assim, seria precipitado concluir que ela o fez por ser feminista (pois pode dar-se que, mesmo sendo feminista, ela o tenha matado por outro motivo).

Suponhamos, contudo, que ela seja feminista e que ela tenha tirado a vida de tal homem justamente por ser feminista.

Ora, ainda assim poderia ser enganoso concluir que o feminismo é uma realidade biológica e que tal mulher cometeu tal crime por ser ela portadora desse defeito genético (pois, como se sabe, o feminismo é uma construção social).

Nesses tipos de casos, se não existisse o feminismo, tal mulher não teria matado ao aludido homem.

Assim como, se não existisse o nazismo, tais soldados alemães não teriam matado a tais judeus etc.

Ou seja, há problemas que são causados pela cultura, e não pela natureza.

Portanto;

162

a) Nem todo crime acontece por inveja.

b) O fato de se roubar e matar por inveja não garante que a inveja seja questão ingênita.

c) O fato de a inveja (ou o feminismo) levar-me a matar alguém não significa necessariamente que eu queira algo desse alguém.

eber hernandes

XI

A inveja não é causada pelo fracasso do invejoso

Como víamos há pouco, o mais limitado eu sou, o mais desconcertante me parecerá o progresso de uma outra pessoa limitada como eu. Eu, suponhamos, não consigo pagar um curso de piano para meu filho, então vou facilmente sentir angústia vendo outrem igual a mim pagando curso de piano a seu filho: "*Se eu que sou eu, não posso, porque esse idiota inferior a mim, pode?*", pensa o invejoso.

É inclusive, ou principalmente, por isso que se tem a impressão de que a inveja é coisa exclusiva de gente fracassada.

Geralmente, por outro lado, quem está acostumado a ter um conforto melhor, consegue aceitar com mais facilidade que seus semelhantes – pessoas do seu mesmo padrão, também tenham aquele conforto melhor. Assim, se eu sou, por exemplo, um atleta famoso e estou acostumado a ter um bom salário, vou aceitar mais facilmente que o outro atleta famoso tenha também um bom salário etc.

eber hernandes

Por isso, como eu dizia, se tem a impressão de que a inveja é coisa exclusiva de gente miserável. Ou seja, as aparências muito superficiais fazem pensar que os bem-sucedidos não têm inveja.

Trata-se, não obstante, de impressão contraditória e equivocada. A pessoa bem-sucedida também sente estranheza, oposição, desconcerto, inveja (todas as vezes que ela vê alguém sair do "padrão"). Pode ser alguém lá de baixo que está progredindo "demais", ou pode ser outrem do mesmo nível dessa pessoa bem-sucedida, que está se dando bem "demais".

Assim, se, por exemplo, o meu conceito sobre o outro milionário for pejorativo, ser-me-á doloroso saber que ele também está pagando curso de piano a seus filhos etc, mesmo sendo eu um milionário muito feliz etc; se o porteiro do prédio fica muito feliz conversando cheio de amigos, progredindo e tudo, o condômino bem sucedido (em muitos casos) se queixa ao sindico; se a esposa estoura com um filme de sucesso e transforma-se em uma cineasta multimilionária, ele (o marido, o cunhado etc) em diversos casos fica sufocado de inveja. E tudo isso se passa mesmo sendo ele – o invejoso, um grandioso milionário ou um sofisticado diretor bem resolvido financeiramente.

Diferente, portanto, do que se pensa, a inveja não é um mal que acomete somente pessoas pobres, de pouco autoconhecimento, fracassadas. A inveja acomete todo e qualquer humano que participa do convívio coletivo.

É possível, como eu disse no começo, que as teses, teorias e opiniões mudem a respeito. É possível, aliás, que na época em que esse trabalho chegue as mãos do precioso leitor, outros pensadores mais famosos que eu já mo tenham copiado e já tenham, por conseguinte, mudado seu conceito concernente a inveja. Isso, essa mudança na forma de pensar, de explicar e de lidar com a inveja fará, por certo, muito bem as crianças, as escolas, as famílias, as equipes, as empresas etc no nosso planeta.

eber hernandes

A comunidade científica sabe, contudo, que antes do patenteamento do presente trabalho (em 28 de agosto de 2014 na Biblioteca Nacional), o nosso planeta tinha uma concepção bastante equivocada sobre a inveja.

Pensava-se que inveja é coisa de gente fracassada, que as pessoas mais invejadas são as mais bem sucedidas e assim por diante. Aliás, o que leva os especialistas a concluírem que as pessoas mais bem sucedidas são as mais invejadas? Isso é o que veremos no próximo tópico.

Os mais invejados nunca são os mais bem sucedidos

O que leva os especialistas a concluírem que as pessoas mais bem sucedidas são as mais invejadas? Provavelmente a ausência de um trabalho completo e harmônico que explique como a inveja de fato funciona. Há, em decorrência disso, confusão e mistura de fatos.

Conforme eu discorria há pouco, devido ao nosso instinto de vida (e devido a formatação social que recebemos) vivemos correndo atrás de conforto, de dinheiro, de sucesso. O fazemos sempre porque temos tal instinto e tal educação – e não necessariamente porque estamos com inveja dos bem-sucedidos.

É, além disso, somente quando alguém prospera (ou ameaça prosperar) que eclode o desconcerto do invejo. Daí a mistura, a confusão geral dos assuntos.

Em outras palavras acontece aproximadamente assim: Meu instinto de vida me leva a buscar mais conforto, o especialista conclui que eu estou com inveja dos bem-sucedidos; minha educação avarenta me faz correr atrás da prosperidade, novamente o especialista conclui que estou com inveja dos bem sucedidos; eu me sinto mal pelo fato de um vizinho "medíocre" comprar um carrão bonito, o

eber hernandes

especialista de novo infere que estou com inveja dos ricos, dos bem sucedidos.

Apesar, entretanto, da mistura e da confusão toda que se costuma fazer a respeito, a estrutura dos fatos mostra que a pessoa mais invejada nunca é a mais bem sucedida.

Eu, suponhamos, vou visitar a alguém – qualquer um pode fazer esse tipo de experimento. Se no juízo desse alguém (a quem eu vou visitar) eu for tido como uma pessoa "muito importante", a casa dele será muito bem ajeitada para me receber. Porém, se no juízo da pessoa a quem eu vou visitar, eu for tido como uma pessoa "menos importante", a casa dela não será ajeitada e eu serei tratado como um pano de chão. No geral, aliás, eu nem sou recebido. A pessoa dirá que está ocupada, que está em reunião, que está de saída, que está ausente etc.

Ou seja, quando se tem um alguém como "menos forte", se trata esse alguém com menos apreço. Não apenas isso. Além disso, se tem angústia se esse alguém recebe tratamento mais sofisticado, mais cuidadoso "do que deveria".

Em outras palavras, a pessoa não apenas se recusa a me receber na casa dela; ela, além disso, fica um tanto desconcertada/angustiada se eu sou bem recebido, acolhido, paparicado em alguma outra mansão por algum outro anfitrião bilionário luxuoso.

A vítima, portanto, de mais oposição, desprezo, bloqueio é sempre a pessoa julgada "menos forte". Isso é o "normal" inclusive entre as pessoas das classes mais altas do nosso planeta. Em todos os contextos, relações, comparações, o mais intensamente desprezado, judiado, invejado nunca é o "mais forte". A pessoa considerada mais nobre, mais rica, mais sofisticada, mais digna é invariavelmente melhor prezada, melhor recebida, melhor apoiada do que a pessoa considerada "menos forte".

eber hernandes

A propriedade privada

e os maus tratos

É interessante notar que, mesmo levado por carências biológicas e por formatação social avarenta, o ser humano em geral não está interessado em ser o dono do sol ou das estrelas. Ser o proprietário do sol e das estrelas não é a questão que mais perturba as gentes em nosso planeta. O que sim nos importa a todos é que o sol e as estrelas nos façam bem.

Isso significa que se, por exemplo, o poderoso proprietário da empresa em que eu trabalho faz muito bem a mim, não há problema algum. Em geral as pessoas que trabalham para grandes corporações não querem sequer saber quem são os proprietários de tais empresas. Não se passa a vida inteira perturbado investigando esse tipo de minudencia. O que se quer é ser feliz, ser bem tratado, progredir, ter bons salários etc.

O problema, portanto, não está no fato de uns serem os donos e outros não serem os donos, ou no fato de existir algum dono, ou no fato de existir propriedade privada. O problema está mais precisamente no fato de o proprietário, (ou qualquer pessoa) me tratar com desprezo, com agressividade – como se deu ao longo da história com as escravizações etc.

É verdade que os frutos do comunismo são e sempre foram destruição, imoralidade, morte, miséria e injustiças mil. Contudo, é verdade também que, mesmo assim, os comunistas sempre se aproveitam dessa enigmática e irrefutável realidade (escravizações, menos conforto aos "menos fortes") para acusar o capitalismo e para atrair adeptos.

Mas porque isso acontece? Por que se costuma dificultar o progresso de determinadas pessoas honestas e

168

esforçadas? Por que alguns patrões maltratam a seus próprios empregados que lhes rendem lucros?

Ao que tudo indica, tais patrões atuam de tais modos inclusive (ou principalmente) porque a parte menos consciente de sua mente acredita que determinadas pessoas são mais inferiores, e que pessoas mais inferiores têm que ter mais desconfortos.

Mas, insiste alguém, será que essa postura agressiva contra os "menos fortes" não é mesmo uma realidade genética, fixa, incurável? É possível que haja sim algo de genético nisso. Acontece, porém, que esse "menos forte" costuma variar de contexto para contexto, de época para época etc; além disso, inúmeras multinacionais modernas conseguem ser dóceis e generosas para com seus subalternos; além disso, nós conseguimos ficar em paz diante da mordomia de inúmeras árvores e de inúmeros animais; além disso, as posições de "fraco" e "forte" podem se inverter completamente etc.

Tudo isso mostra que os maus tratos que são dispensados aos humanos tidos como "menos fortes" não são baseados em uma questão completamente fixa, imutável, incorrigível, ingênita.

A estrutura da realidade mostra que em muitos casos o patrão judia de seus subalternos por efeito da cultura – cultura essa que, aliás é exatamente a mesma que nos deixa desconcertados quando alguém "menos forte" ganha muita comodidade.

Compreendendo, portanto, o verdadeiro mecanismo de funcionamento da inveja, é possível que no futuro os patrões convertam-se em pessoas melhores e que o capitalismo se torne algo ainda mais fluente e benéfico para nossas gentes.

O homem não costuma ter ódio

169

eber hernandes

das árvores frondosas.

Sujeitos como Rousseau, Carl Marx etc afirmam que o problema, a causa das mazelas humanas, é a propriedade privada. Porém, como se sabe, bem antes de ser criada a ideia de propriedade privada, já existia barbárie e extermínio de povos. Ou melhor, bem antes de ser criado o capitalismo, as pessoas consideradas inferiores já eram menosprezadas, escravizadas ou exterminadas em nosso planeta. De modo que, ao que tudo indica, a ideia de propriedade privada surgiu inclusive como tentativa organizar melhor o convívio coletivo no nosso planeta.

Tudo mostra, pois, que o proprietário ainda maltrata a seus empregados não porque existe propriedade privada, mas sim, porque seu inconsciente ainda é levado pelo antiquíssimo sistema de tradições aqui exposto e explicado. Sistema esse que uma vez contrariado nos faz ficar desconcertados com inveja.

Bem, diz alguém, se não se trata de problema cultural trazido pelo advento do capitalismo etc, trata-se, então, de problema genético trazido com perversidade natural do homem.

Acontece que, conforme se dizia há pouco, os golfinhos, os pássaros, os tubarões não trabalham. Passam a vida inteira desfrutando do sol e do mar. E isso ao invés de gerar angústia, gera prazer no ser humano – inclusive no patrão carrasco. Se a inveja, ou a necessidade de infringir sofrimentos aos "menos fortes", me fosse um traço biológico eu, por certo, ficaria angustiado vendo a vida farta, confortável e luxuosa do meu astro favorito (a quem eu, pelo contrário, aplaudo com prazer).

Se a inveja me fosse um traço ingênito eu não teria alegria assistindo as enormes baleias brincando no mar ensolarado sem jamais trabalharem. Elas, aliás, são mais fortes, mais habilidosas, mais corajosas, mais autoritárias do que os humanos; e, no entanto, os humanos conseguem ficar

felizes com as capacidades e com as mordomias das baleias
– e de diversos outros animais. Não é interessante?

Então por que não conseguimos aceitar o progresso ou a satisfação de determinadas pessoas? Porque aprendemos errado.

Mas o homem não levou milhares de animais e de florestas a extinção? Sim, é verdade. Mas não por inveja. O homem não costuma ter ódio das árvores que são vivas, lindas, frutíferas, frondosas. Elas não pagam impostos e, além de tudo, vivem (muitas delas) por mais de 600 anos. Nós não as odiamos por isso.

Se, entretanto, um colega pobre ganha um bom cargo na empresa multinacional em que trabalhamos, se ele passa a ser o chefão de tudo, eu sinto uma angústia, uma oposição, um mal-estar específico. Ou seja, o problema em questão acontece somente entre humanos – entre seres que são levados pela ideia de que um pedreiro, por exemplo, vale menos e merece menos apreço do que um engenheiro.

A inveja e os lucros

Então, como víamos, nosso problema não é bcm com os animais nem com as florestas, mas sim, com os humanos – que em determinadas comparações são tidos como "menos fortes".

É, entretanto, oportuno reparar que não é contra todas as pessoas "menos fortes" que o referido mal-estar acontece, visto que, não são todos os mendigos que geram inveja. Nos suscitam o famigerado desconcerto somente os humanos que além de serem tidos como "menos fortes" recebem, ou ameaçam receber, mais comodidades "do que deveriam".

No caso, pois, das relações trabalhistas, a encrenca toda se dará quando o grandioso proprietário for um idiota "menos forte" ou quando ele me tratar com agressão. E em

eber hernandes

ambos os casos (chefe medíocre na diretoria ou chefe carrasco punindo-me) o problema é geralmente gerado pelo mesmo motivo.

Ou seja, quando me angustio com o fato de o dono da empresa ser, por exemplo, um caipira analfabeto, eu sou levado pelo sistema de tradições gerador da inveja: eu não quero que um sujeito tão medíocre seja o patrão e goze de tamanho prestígio.

Quando, por outro lado, o patrão trata a seu funcionário "fraco" como um pano de chão, tal patrão é levado pela mesma força social: ele, consciente ou inconscientemente, quer reduzir a comodidade do referido subalterno (que em tal conjuntura é tido como inferior).

Mas não seria a ambição ou o interesse nos lucros o que leva as escolas e judiarem de seus alunos, os hospitais a judiarem de seus pacientes, os patrões a maltratarem seus empregados e assim por diante? Não. Nem sempre.

Como se sabe, a partir do ano 1500, por exemplo, mais da metade dos negros trazidos da África para trabalho escravo no Brasil, morriam no desconforto da viagem; morriam antes de começarem a trabalhar. Ou seja, eram inutilizados antes de começarem a gerar lucros para os proprietários.

Tais empregados eram mortos nos chamados navios negreiros e eram lançados ao mar.

Só no referido contexto tal postura se repetiu por mais de 300 anos, e durante todo esse tempo, mesmo tendo menos lucros – e até prejuízos, o patrão seguiu judiando do "menos forte".

Cabe observar, é claro, que falamos em "menos lucros" comparando, por exemplo, com os lucros auferidos peles patrões sofisticados de hoje. Hoje muitos patrões tratam muito bem a seus subalternos e clientes e, por conseguinte, têm lucros gigantescos. Ou seja, meu palpite aqui é que para se ter bons lucros não é necessário impor sofrimentos.

eber hernandes

De toda forma, segundo historiadores, mais da metade dos negros trazidos para trabalho escravo morriam no desconforto da viagem, antes de começarem a trabalhar (e a gerar lucros). E retratos como esse mostram que em tais tipos de contextos é mais importante cumprir a "necessidade" de castigar aos "menos fortes" do que usá-los vivos para ganhar mais dinheiro.

Fica comprovada, portanto, não apenas a existência da corrente social geradora da inveja. Fica comprovado, também, que o poder da referida corrente na mente humana é, em muitos casos, mais forte do que a nossa atração por lucros. Ou seja, em muitos casos não é principalmente o interesse nos lucros ou a ganância o que leva tantas pessoas a se judiarem umas das outras no nosso planeta.

Todos querem sim ter melhores lucros, melhores equipes, melhores famílias, melhores amizades etc. O referido pacto social, no entanto, distorce, macula, atrapalha tais intentos.

eber hernandes

eber hernandes

Resumo

(com esclarecimentos)

Por que se tem a impressão de que a inveja é coisa de gente fracassada?

O mais limitado eu sou, o maior há de ser o número de pessoas (do meu nível) que hei de querer limitar;

Se eu que sou eu, não posso, por que esse medíocre igual a mim pode?", pensa o miserável invejoso.

Aquele que está habituado a gozar de um melhor conforto, consegue aceitar com mais facilidade que outrem de seu nível também goze de conforto igual.

Exemplos;

eber hernandes

a) Um atleta famoso habituado a ter salário milionário, aceita mais facilmente que outro atleta famoso de seu mesmo nível, também tenha tal salário.

b) Um sujeito inteligente aprovado em concurso publico de nível superior que tem um bom salário, cargo vitalício, e outras regalias consegue, em geral, aceitar que um outro sujeito também inteligente aprovado em concurso de nível superior goze das mesmas regalias.

Já se eu não consigo acender com meu negócio, ser-me-á mais difícil aceitar que outrem igual a mim o consiga.

De toda forma isso é apenas uma questão de intensificação do sentimento de injustiça; porque, sendo como for, todas as vezes que alguém sair do padrão haverá forte possibilidade de acontecer a inveja – mesmo quando o invejoso é um multibilionário muito bem servido.

Se meu conceito sobre o outro bilionário sortudo for muito pejorativo, eu hei de ficar desconcertado com a sorte dele.

É sempre bom ter presente que nem toda angustia que invade o ser humano é inveja. Sofremos por:

a) medos de vários tipos; b) depressões de vários tipos; d) distúrbios de vários tipos; f) traumas de vários tipos; g) aflições de vários tipos.

Mas como identificar a inveja em meios a tantas misturas e a tantas perturbações?

Mesmo quando estou tranquilo, equilibrado, feliz bastante satisfeito eu fico desconcertado diante da alegria "excessiva" de alguém "medíocre" que acaba de ganhar um bom dinheiro na loto. Esse desconcerto chama-se inveja.

O que leva os especialistas a concluírem que os mais invejados são os mais ricos?

a) A ausência de um trabalho harmônico e coerente, como o presente, que explique como a inveja de fato funciona.

b) A mistura/confusão de vários assuntos e sentimentos misturados a inveja.

c) Nossa formatação social que nos faz querer fugir da pobreza e correr para a prosperidade.

d) Nosso instinto natural que nos faz querer viver, ter prazer, ficar bem, avançar.

e) O fato de a minha inveja eclodir e acontecer sempre que o outro prospera ou ameaça prosperar.

Apesar, entretanto, da mistura dos assuntos e da confusão geral, a pessoa mais invejada nunca é a mais rica; ou melhor, a pessoa mais invejada nunca é a mais forte.

Ou seja, a pessoa mais invejada em um grupo pode até ser também (por coincidência) a mais rica ali. Mas na ótica daquele que a está invejando tal pessoa não é a "mais forte".

eber hernandes

O conceito do invejoso sobre o invejado é pejorativo. O invejado é medíocre demais para gozar de tamanho êxito.

Exemplo;

Planejo visitar alguém. Se na ótica desse alguém eu sou tido como pessoa "mais forte", a casa dele há de ser ajeitada para me receber.

Porém, se eu for por ele tido como "menos forte", a casa não há de ser arrumada e eu, caso seja recebido, serei tratado com menos apreço.

Em boa parte desses tipos de casos, eu não chego sequer a ser recebido. A pessoa diz que está ocupada, que está em viagem, que está em reunião, que está ausente etc.

Que as coisas são assim o mundo inteiro já sabia muito bem. A novidade trazida pela presente teoria está em descobrir, explicar e mostrar que a inveja acontece quando esse sistema for invertido.
A inveja vai acontecer, por exemplo, quando um "menos forte" for muito bem recebido e muito bem tratado um uma mansão luxuosa por uma madame muito fina.

Ou seja, a pessoa não apenas se recusa a tratar bem a um "menos forte". Ela, além disso, fica oposta, avessa, angustiada, desconcertada se esse "menos forte" é bem tratado.

De toda forma, fica demostrado que os mais ricos (ou os "mais fortes") nunca são os mais bloqueados, rejeitados, invejados.

Aos mais ricos ou "mais fortes" sempre são destinados os melhores recursos, apoios, incentivos e aplausos.

eber hernandes

Mesmo sendo levado por carências biológicas e por formatação social avarenta, o ser humano em geral não vive obcecado tentando ser o dono do sol ou das estrelas.

O que nos importa a todos é que o sol e as estrelas nos façam bem.

Se, portanto, o proprietário da empresa onde eu trabalho me trata muito bem, não há problemas.

Geralmente as pessoas não querem sequer saber quem é o dono de grandiosa multinacional em que elas trabalham. O que importa mais é o tamanho do salários, os benefícios, as folgas, as regalias que a empresa oferece.

Ou seja, o problema não está no fato de uns serem os proprietários e outros não serem os proprietários – não está no sistema de propriedade privada.

O problema está mais especificamente na necessidade que o proprietário tem de dispensar-me desprezos, castigos, agressividades – conforme aconteceu ao longo da história com as escravizações etc.

Os comunistas se aproveitam dessa realidade (multidões na miséria, trabalho escravo, menos conforto aos menos fortes) para atacar o capitalismo e para conseguir aliados.

Mas porque isso acontece? Porque tantos patrões maltratam a seus subordinados que lhes rendem conforto e lucros?

Isso se dá inclusive (ou principalmente) porque há forças sociais atuando na mente do patrão nesse sentido.

eber hernandes

E é evidente que todas as vezes que esses sistema for contrariado, que essas multidões receberem muita comodidade, todo o sistema de tradições há de ser abalado gerando o desconcerto mundialmente conhecido como inveja.

E é evidente, outrossim, que esse desconcerto há de acometer inclusive os gerentes, diretores, lideres, patrões, supervisores etc.

Mas essa postura agressiva contra os "menos fortes" não é genética? Isso não faz parte da natureza decaída do homem?

Ainda que isso, essa oposição a comodidade do "menos forte" seja (ou fosse) genética, a presente teoria seguiria tendo sua importância por, por exemplo, mostrar que os "menos fortes" é que são invejados etc.

Agora, voltando a questão, sobre se essa postura agressiva contra os "menos fortes" não seria genética, opino que pode haver mistura. Mas;

a) Esse "menos forte" é criado pela cultura – as divisões e distinções que classificam a pessoa como "menos forte" são estabelecidas pela moda, pelo convívio coletivo.

b) Esse menos forte costuma variar e inclusive trocar de posição com o mais forte. Isso varia de acordo com a época, o contexto, o costume do lugar etc.

c) Inúmeras multinacionais modernas conseguem ser generosas e dóceis aludentes a seus colaboradores.

eber hernandes

d) Nós conseguimos ficar em paz concernente a alegria dos animais, das arvores, dos grandiosos artistas que admiramos etc.

Tudo isso mostra, ou ao menos parece mostrar, que os maus tratos dispensados aos "menos fortes" não é realidade biológica e que, portanto, a inveja é uma construção social.

Pensadores tais quais Marx e Rousseau afirmam que o problema principal é a propriedade privada.

Isso, essa conclusão, se dá provavelmente porque até o surgimento da presente teoria, jamais alguém havia concebido e/ou explicado a relação que há entre as forças sociais e a inveja.

Nota-se, não obstante, que antes de ser criado o sistema de propriedade privada (mais civilizado) já existia a inveja.

Antes da organização capitalista as pessoas "menos fortes" já eram violentadas, escravizadas, exterminadas.

A propriedade privada aliada a proposta judaico cristã etc melhoraram o convívio coletivo no nosso planeta.
Em muitos casos o proprietário ainda maltrata a seus subalternos não necessariamente porque existe propriedade privada, mas sim, porque sua mente ainda é levada pelo antiquíssimo sistema de tradições aqui exposto e explicado.

---

eber hernandes

Nem todos os "menos fortes" nos suscitam oposição, angústia, inveja – não é todo e qualquer mendigo que nos suscita inveja:

Somente aqueles mendigos (ou aquelas pessoas) que recebem ou que ameaçam receber mais comodidade "do que deveriam".

No caso, portanto, das relações trabalhistas a encrenca toda há de se dar quando, por exemplo;

a) O patrão for tido como um idiota "menos forte". (Seu cargo etc me incomodará).

b) Quando ele (geralmente por me achar medíocre) dispensar-me tratamento desprezível, agressivo. (Isso também me há de incomodar).

Em ambos os casos se é levado pela mesma força social geradora da inveja.

Mas não seria a ambição e o interesse nos lucros o que leva o proprietário a judiar de seus subalternos?

A partir de 1500, por exemplo, mais da metade dos negros trazidos da África morriam no desconforto dos navios negreiros – morriam antes de começarem a trabalhar e a gerar lucros.

Em tais tipos de casos, mesmo tendo menos lucros – ou até prejuízos, o patrão seguiu judiando dos negros por mais de 300 anos.

Os lucros que se tem com maus tratos e com escravizações são inferiores se comparados, por exemplo, com os lucros das grandiosas multinacionais modernas

182

que dispensam tratamento muito nobre a seus colaboradores).

Ou seja, o auferir de bons lucros dispensa os maus tratos. Não se faz necessário escravizar outrem para se conseguir bons lucros.

Em contextos tais quais o supra citado, a força social (geradora da inveja) parece ser mais forte e mais determinante do que a ambição por lucros.

Todos queremos ter as melhores famílias, as melhores equipes, as melhores parcerias, as melhores empresas, os melhores bairros etc.

O referido pacto social abstrato, entretanto, macula, empana, distorce, atrapalha tais intentos. Esse pacto social é o mesmo que nos faz ter inveja.

eber hernandes

XII

O conhecimento amarga a vida

de determinadas pessoas

O famoso francês Michel Foucault observa que quem determina que uma pessoa é louca, delinquente ou ignorante é a ciência, o conhecimento. Esse conhecimento é, segundo tal pensador, inventado pelo homem e é justamente

eber hernandes

tal conhecimento quem nos permite saber quem é o professor e quem é aluno, quem é o juiz e quem é o advogado, quem é o engenheiro e quem é o pedreiro, quem é o psiquiatra e quem é o louco, e assim por diante.

Foucault é interessante ao argumentar que esse conhecimento é parcial, mutante, interesseiro, visto que, em determinada conjuntura/época uma pessoa é tida, por exemplo, como normal e é apreciada, mas, em outra época o próprio conhecimento faz com que a mesma pessoa seja considerada louca, excluída etc. Assim, a obra de Foucault procura denunciar, mostrar que o conhecimento é uma forma de controle social, e que esse controle acontece através de uma parceria entre o poder e o conhecimento.

Mas, pergunto eu, se o conhecimento traz tantos benefícios excelentes para a humanidade, para a construção da civilização etc, então que problema há no fato de o conhecimento ser uma forma de controle social? Se o controle exercido através do poder e do conhecimento torna a vida em sociedade mais harmônica, mais equilibrada e mais feliz no nosso planeta, então qual o problema?

O problema é que esse controle amarga a vida de determinadas pessoas. De que pessoas? Das pessoas tidas como loucas, ignorantes, inferiores "fracas". Mas porque o conhecimento amarga a vida de tais pessoas? Qual é a relação entre esse sistema social (que amarga a vida dessas pessoas) e a inveja?

Foucault não tem uma teoria nem uma resposta completa coerente ou clara para essa importantíssima pergunta. E me parece que é justo por não ter tal resposta que ele acaba sendo arrastado pelo pensamento e pela conclusão que arrasta a todos os demais comunistas do nosso planeta.

Foucault, assim os demais, pensa que pessoas consideradas pobres, erradas etc são excluídas e punidas por serem pouco lucrativas para o mercado explorador; e, segundo ele, as referidas punições e castigos se dão devido

eber hernandes

ao fato de tais castigos aumentarem os lucros do ganancioso carrasco capitalista.

Assim, se a pessoa é lucrativa para o mercado explorador, tal pessoa é considerada normal e é aceita; se, entretanto, a pessoa não é lucrativa para o capitalismo avarento, tal pessoa é tida como louca e torna-se rejeitada, castigada.

Ou seja, segundo a explicação dele, as diferenças, os preconceitos, as punições etc acontecem por conta do nascimento e da existência do capitalismo. É claro que, ainda que tais punições sejam (ou fossem) originadas e mantidas pelo capitalismo, a presente teoria, cujo escopo é mostrar a verdadeira essência e o verdadeiro mecanismo de funcionamento da inveja, seguiria tendo sua relevância.

Acontece, porém, que o sistema de tradições que faz com que se judie das pessoas "menos fortes" é bem mais antigo que o nascimento do dinheiro e do capitalismo. Não é o capitalismo quem cria isso. As pessoas tidas como diferentes, ou estranhas, ou perigosas, ou erradas etc são castigadas e exterminadas no nosso planeta desde milênios antes do surgimento do livre comercio.

Aliás, a estrutura da realidade mostra que, assim como o sistema de tradições aqui discutido afeta a mente do machista e do racista, por exemplo, afeta também a mente do patrão capitalista. A estrutura da realidade mostra também que em inúmeros casos o hábito de punir, excluir ou eliminar aos "menos fortes" gera prejuízos (ao invés de lucros) ao patrão capitalista.

Tanto que quando a mulher, o negro etc são saudavelmente incluídos no mercado, os lucros do patrão são aumentados.

Ou seja, há diversas conjunturas na história mostrando que o patrão e o mercado teriam lucros maiores se judiassem menos (ou se não judiassem nada) de sua preciosa mão-de-obra.

A estrutura da realidade mostra, portanto, que ao invés de ser o causador, o capitalismo é apenas mais uma

eber hernandes

das muitas instituições afetadas e, em muitos casos, prejudicadas por tal hábito – o antiquíssimo hábito de judiar dos humanos "menos fortes".

Fica evidente, outrossim, que, assim como os demais cientistas, Foucault também não percebeu que a força social (que nos faz amargar a vida dos menos fortes) é exatamente a mesma força social que faz com que o ser humano tenha inveja.

Nem sempre a inveja tem a ver com aumento de lucros

Argumenta-se, como víamos, que o patrão rico cria e preserva todo esse grandioso sistema de punições porque tal sistema lhe é absolutamente favorável.

De toda forma argumenta-se que o grandioso sistema de punições é absolutamente favorável ao patrão e que, por isso, é por ele – pelo patrão, preservado.

Acontece, entretanto, que inúmeras pessoas e famílias riquíssimas também são diariamente destruídas pela inveja (que é, segundo a minha teoria, gerada precisamente pelo referido sistema de punições).

Não é, pois, especificamente o patrão rico quem cria e preserva esse sistema de punições, e tal sistema em geral não lhe é favorável.

Em geral tais famílias ricas são destruídas justamente pelo hábito que se tem de impor mais sofrimento a pessoas que, mesmo sendo ricas, são tidas como "menos fortes" dentro de determinadas comparações. (Porque o hábito geral de impor mais desconfortos a determinadas pessoas – irmão, marido, cunhado, filhos, vizinho, esposa etc não é uma imposição que acontece precisamente contra os mais pobres, mais sim, contra os "mais fracos").

eber hernandes

Eu digo que os mais pobres são os mais invejados porque na grande maioria das comparações, os menos endinheirados hão de ser os "menos fortes".

Esse hábito, aliás (de impor desconfortos) não é um procedimento que se verifica somente entre patrão e empregado e nem sempre tem a ver com aumento de lucros etc.

Claro que a distribuição de papeis, tarefas, cargos etc é algo útil, necessário, inteligente. Entretanto, nessa distribuição toda se deveria ter tanto amor e consideração pelo faxineiro quanto pelo diretor; se deveria ter tanto apreço pelo enfermeiro quanto pelo médico; se deveria prezar tanto pelo porteiro pobre quanto pelo condômino rico etc.

Na teoria sabemos bem disso. Na prática, porém, ainda sentimos certa dificuldade em resolvê-lo, e essa dificuldade não se dá necessariamente porque queremos aumentar nossos lucros.

Há sim, muitos tipos de casos em que a imposição de desconfortos se dá concomitante a um "aumento" nos lucros do patrão etc. Trata-se, não obstante, de engano. Trata-se de ambientes embalados, acorrentados por ideias torcidas e equivocadas. Assim como um homem pode ser levado a pensar que para ter o amor de uma mulher ele precisa ser um impostor agressivo, um patrão também pode ser levado a pensar que para ter bons lucros, ele precisa impor sofrimentos a seus clientes e colaboradores.

Dentro de tais ambientes acorrentados e embalados por ideias torcidas e equivocadas, um pai pode ser levado a pensar que para bem educar seu filho, é preciso dar frequentemente uma boa surra no próprio filho amado, uma mulher pode ser levada a pensar que para ser feliz ela precisa se impor e destruir sua própria família querida, e assim por diante.

Aliás, até o grandioso cientista que vai explicar tudo isso, pode também se enganar. Ele pode ser levado a concluir que toda essa agressividade constitui a única forma de se viver dentro do livre comercio e que para se resolver

eber hernandes

tais violências é forçoso destruir a liberdade de comercio, destruir a civilização e impor o estilo comunista em nosso planeta.

Vê-se, no entanto, que quando o pai cria métodos mais sábios para educar seus filhos, a situação se melhora um tanto; quando a mulher cria métodos mais nobres de equilibrar sua família, tal família também manifesta alguma melhora; quando o negro e a mulher são livremente incluídos, os lucros do comercio são aumentados e assim por diante.

eber hernandes

Resumo

(com esclarecimentos)

O francês Michel Foucault (outro ateu socialista) reclama do fato de o conhecimento aliado ao poder, ser um dos principais fatores que amargam a vida dos mais pobres.

190

eber hernandes

Tal conhecimento (as hierarquias, as divisões de papeis etc) amarga a vida dos pobres, marginalizados, ignorantes, loucos etc por quê?

Nem Foucault nem nenhum outro pensador percebeu antes de mim, a relação que há entre esse amargar e a inveja.

Eles, portanto, atribuem o problema a ganância capitalista etc. Mas acontece que;

a) Quando o negro, a mulher, o deficiente, o homossexual etc são incluídos, os lucros do patrão capitalista aumentam.

b) As forças sociais geradoras da inveja precedem a organização capitalista.

c) O patrão e o rico também são dizimados pelas forças sociais geradoras da inveja.

d) Ao invés de ser o causador, parece ser mais provável que o capitalismo é apenas mais um afetado e em muitos casos prejudicados pelas forças sociais causadoras da inveja.

e)O sistema social gerador da inveja não é total benéfico ao capitalista – porque quanto mais se desconstrói tal sistema, maiores são os lucros capitalistas.

Meu palpite é que a divisão de papeis hierarquias, tarefas, cargos, é algo útil, necessário, inteligente.

Entretanto dever-se-ia ter tanto amor ao faxineiro pobre quanto ao diretor rico.

191

eber hernandes

eber hernandes

XIII

Um fator mais imprescindível do que a divergência de ideias

O homem é capaz de criar e de acreditar em histórias fictícias imaginárias; e essas histórias imaginarias incluem as

eber hernandes

corporações, o dinheiro, as religiões, as escolas, as leis e todas as demais regras sociais criadas pelo convívio coletivo.

Essa tese é de um famoso ateu israelita chamado Yuval Noah Harari. Tal tese leva facilmente especialistas a inferirem que a referida capacidade (criar e acreditar em histórias imaginárias) é o que explica, por exemplo, porque dois povos entram em atrito.

Ou seja, segundo tal inferimento (feito pelo próprio Yuval) as ideias e crenças que dirigem a mente de dois povos que entram em atrito, são divergentes; e, por isso (por estarem imbuídos de ideias e de crenças divergentes) eles se combatem – como no caso de brasileiros e argentinos que se opõem uns aos outros na copa do mundo, por exemplo.

Em tal contexto o torcedor brasileiro acredita na *história imaginária* segundo a qual o Brasil tem que vencer, e o torcedor argentino acredita na *história imaginária* segundo a qual a Argentina é quem tem que vencer – daí o conflito.

Como se vê, a comunidade cientifica sempre percebeu e assentiu que existem forças sociais interferindo na mente humana e gerando conflitos. Tais cientistas apenas não conseguiram fazer a conexão por mim realizada (ou seja, ligar tais forças sociais que geram tais conflitos, ao desconcerto mundialmente chamado, inveja).

De toda forma, o pacto social gerador da referida inveja é, ou ao menos me parece ser, um dos mais antigos e mais abrangentes dentre todos os tipos de pactos sociais ou de histórias imaginárias já criados pelo convívio coletivo.

Notamos assim, que, diferente do que se pensa, inúmeros conflitos e angústias se dão por outro motivo. Ou seja, muitos conflitos ocorrem não necessariamente porque as histórias imaginárias entre dois grupos são divergentes etc, mas também (ou principalmente), porque por detrás de tais ideias, histórias ou crenças está o grandioso costume que faz com que pensemos que determinadas pessoas em determinados contextos são "menos fortes" e, portanto, menos dignas.

eber hernandes

Como se disse, esse meu argumento afina-se perfeito, ou ao menos parece afinar-se perfeito, com o fato de o homem haver exterminado a centenas de povos, criado campos de concentração, maltratado a crianças, escravizado a negros, humilhado a mulheres, sujeitado a homens brancos perdedores de guerra etc.

Mas tal afinação não se nota apenas nisso; a correspondência entre os argumentos aqui apresentados e a estrutura da realidade não se nota apenas no fato de em todos esses tipos de casos os humilhados serem pessoas consideradas "menos fortes".

Tal afinação parece evidente também, no fato de nem sempre haver ideologias opostas entre agressor e agredido.

Ou seja, o fator principal para que determinadas angústias e conflitos aconteçam não é a presença de divergência de opiniões, mas sim, o hábito de impor mais desconforto a pessoas "menos fortes".

De modo que um pai, por exemplo, que não tem ideologia oposta à de seu filho, pode (pelo hábito de impor sofrimentos aos "menos fortes") ser levado a surrar ou castigar frequentemente a seu próprio filho amado; ou esse mesmo pai pode ser inconscientemente levado a atuar no bloqueio do progresso de seu filho. Um empregador pode humilhar a seus empregados (que lhe geram lucros); e assim por diante.

Note-se que o próprio Yuval argumenta que o homem prevaleceu sobre "os demais animais" inclusive por ser flexível; ou seja, segundo Yuval, o 'animal humano' superou e dominou a todos os 'demais animais' por ser capaz de alterar, mudar, adaptar as histórias imaginárias nas quais acredita.

Ora, sendo o homem capaz de tal flexibilidade, então porque determinados povos foram, mesmo assim, combatidos, escravizados, violentados, exterminados ao longo da história em nosso planeta?

eber hernandes

Claro que meu pensamento não tem qualquer afinidade com a teoria darwinista (que afirma que o homem provém do macaco etc).

Não obstante, percebe-se que o homem é de fato portador da referida flexibilidade observada pelo ateu Yuval. Ou seja, em geral um grupo de pessoas realmente consegue aceitar, por exemplo, que outro grupo de pessoas diferentes, inferiores, inimigas, atrasadas, erradas etc continue vivo (mesmo assim – mesmo sendo diferente).

Ou seja, tal flexibilidade realmente existe e de fato possibilita inclusive que esses dois grupos opostos se entendam – como acontece entre tantos católicos e protestantes, corintianos e palmeirenses, americanos e japoneses etc.

Mas, pergunto eu, sendo o homem capaz de tal flexibilidade, porque determinados povos foram, mesmo assim, combatidos, escravizados, violentados, exterminados ao longo da história em nosso planeta?

De acordo com minha teoria, tais escravizações, violências e extermínios se devem não apenas ao fato de as ideias entre dois povos serem divergentes etc. Tais atrocidades devem-se também, ou principalmente, ao fato de o inconsciente humano ser conduzido pelo antiquíssimo pacto social aqui exposto e explicado.

Pacto esse segundo o qual as pessoas tidas como mais atrasadas, inferiores etc têm que ter menos conforto, têm que sofrer mais.

A estrutura dos fatos mostra, pois, que nem sempre é necessário que haja divergência entre as ideias e crenças de duas pessoas (ou de dois povos) para que haja oposição, bloqueio, guerra, inveja entre eles. De modo que, como se vê, dois sócios, cônjuges, irmãos, amigos que se amam muito e que estão de acordo um com o outro, podem, mesmo assim, ficar angustiados vendo o êxito um do outro.

Resumindo: 1) a ideia de que uma pessoa com determinados atributos é "mais importante" ou "mais forte"

eber hernandes

é uma história imaginaria fictícia, uma construção social; 2) essa construção social é um dos mais antigos e mais abrangentes pactos sociais abstratos já criados pelo convívio coletivo em nosso planta; 3) devido ao poder que tal costume exerce em nossa mente, toda vez que um "menos forte" ganha muita comodidade acontece um mal-estar, uma angustia, um desconcerto chamado inveja; 4) devido ao poder que tal costume exerce em nossa mente, nem sempre é necessário que a minha opinião seja diferente da opinião do outro para que eu o queira combater (ou para que eu sinta angustia diante de seu êxito).

Aliás, nota-se que em geral nós costumamos permitir e aceitar que uma pessoa que temos como merecedora grandiosa etc fique mais à vontade, tenha mais prazer e faça mais coisas a nós e ao mundo. Assim, me parece oportuno reparar também que em alguns casos de conflito e de ofensa nos é mais difícil liberar perdão, por quê?

Justamente porque na ótica do acusador ofendido, o ofensor é tido como um medíocre indigno idiota – merecedor, portanto, de punição mais severa.

Do tratamento dispensado
aos que perdem capital simbólico

Em geral conforme o tempo passa (e conforme a civilização sofre algumas mudanças) são criadas algumas leis, técnicas e ideias, estratégias que visam reduzir injustiças. E à medida que determinadas injustiças se reduzem, determinados grupos ganham mais direitos e passam, assim, a ter mais capital simbólico, mais respeito, mais importância.

É obvio que, dentro das comparações e disputas sociais, todas as vezes que uma pessoa X se torna mais importante, uma outra pessoa Y se torna menos importante.

197

eber hernandes

Ou seja, quando o negro ganha mais poderes, o branco deixa de ser considerado tão superior; quando o adolescente ganha mais poderes, o adulto deixa de ser considerado tão superior; quando a mulher ganha mais poderes, o homem deixa de ser tido como tão superior e assim por diante.

É evidente que os mentores de determinadas leis nem sempre são pessoas bem-intencionadas e é claro, também, que boa parte de tais leis servem para destruir os bons costumes, as boas relações, as escolas, as famílias etc.

De toda forma, nesse interessante processo é fácil (e proveitoso) reparar/perceber como a mente humana segue dirigida pelo sistema de tradições gerador da inveja. Basta, para tanto, observar como alguns negros, mulheres, crianças, deficientes etc passam a apresentar certo incomodo, certa oposição ao conforto de quem entra na condição de "menos forte".

Temos, assim, pessoas negras incomodadas com o conforto de pessoas brancas, pessoas femininas incomodadas com o conforto de pessoas masculinas, pessoas adolescentes apresentando falta de consideração em relação pessoas mais velhas, e assim por diante. Não é interessante? É a manifestação da própria inveja. Tão logo o branco, ou o masculino, ou o adulto etc perde capital simbólico, ele passa a ser tratado com menos apreço. Não apenas isso. Além disso, sua comodidade "excessiva" passa a gerar mal-estar, desconcerto, angústia.

Embora seja esse um ponto bastante melindroso, meu intento não é suscitar mágoas, disputas, ressentimentos e dores. Não. Que isso não nos disperse a atenção. O escopo aqui é colocar em evidência uma antiga e abrangente força social que faz com que a humanidade tenha um desconcerto chamado inveja.

Ao passar por pontos tais, o que se quer é comprovar a existência de tal força e explicar o mais claramente possível, seu modo de funcionamento.

eber hernandes

Com leis, técnicas, ideias, estratégias altera-se a história imaginaria, o costume, a tradição que faz com que os negros, as mulheres, os homossexuais, as crianças etc sejam subjugados. Tomamos consciência a respeito de tais injustiças e, em muitos casos, as banimos. Entretanto, mesmo assim, seguimos assolados por um mal-estar específico, por quê?

Porque, ou melhor; inclusive porque, por trás do costume que fazia com que o branco escravizasse ao negro, o homem humilhasse a mulher, o professor castigasse ao aluno, o heterossexual zombasse do homossexual etc está o grandioso pacto social abstrato aqui exposto.

Eu, o Freud, a Karen

e a inveja

Sigmund Freud, outro ateu famoso, percebeu uma determinada angústia a afligir a mente humana. Envolto que estava em um contexto mais masculino (mais antigo), tal pensador atribuiu a referida angústia à uma possível inveja que as mulheres teriam do pênis. Já a doutora Karen Horney, por outro lado, envolta em um contexto mais feminino (mais moderno), atribui a mesma angústia à uma possível inveja que os homens teriam da vagina.

A estrutura da realidade mostra, porém, que a inveja é um mal-estar que acomete a todas as pessoas que passam pelo convívio coletivo.

Ou seja, concordamos todos; eu o Freud e a Karen sobre o fato de existir um incomodo específico a angustiar o ser humano. Discordamos todos, no entanto, no tocante a causa do referido incômodo. Porque?

eber hernandes

Vê-se que uma pessoa passa a se incomodar com o êxito de outra pessoa a partir do momento em que essa outra ameaça ganhar mais comodidade "do que deveria". E, como se nota, esse incômodo não depende principalmente de o invejado ter pênis ou ter vagina.

De forma que, quando o meu inconsciente tem uma determinada pessoa como "muito forte", a mordomia de tal pessoa não me gera o referido incomodo – independente do fato de tal pessoa ser ou não do sexo oposto ao meu.

Ou seja, é fácil para um homem comum gostar que a luxuosa Jennifer Lopez, por exemplo, seja mundialmente venerada, tenha muita comodidade e receba uns dois milhões de dólares por mês (mesmo sendo ela uma mulher). É, da mesma forma, fácil para uma mulher comum gostar que o luxuoso jogador Cristiano Ronaldo seja mundialmente venerado, tenha muita comodidade e também receba uns dois milhões de dólares por mês (mesmo sendo ele um homem).

O problema, portanto, não está precisamente em ter pênis ou em ter vagina; o desconcerto acontece mais exatamente quando quem vai gozar de todo esse luxo é uma pessoa a qual o meu inconsciente tem por medíocre, "menos forte".

Obvio que o pênis, ou melhor, o fato de a pessoa ser do sexo masculino, dava benefícios "excessivos" ao homem no período mais masculino da história. A mulher, por conseguinte, apresentava mais incomodo contra tais benefícios. Sigmund Freud é, assim, levado a concluir que a mulher tem inveja do pênis.

A vagina, por sua vez, ou melhor, o fato de a pessoa ser do sexo feminino, dá benefícios "excessivos" a mulher no período mais feminino da história. O homem apresenta, por conseguinte, mais incômodo contra tais benefícios. A pesquisadora Karen Horney é, por conseguinte, levada a concluir que o homem tem inveja da vagina.

Na prática e na realidade constata-se, entretanto, que, conforme tenho dito, uma pessoa passa a se incomodar com o êxito de outra a partir do momento em que essa outra pessoa ameaça ganhar mais comodidade "do que deveria". E tal incômodo não necessariamente depende de o invejado ter pênis ou ter vagina.

O acesso dos menos endinheirados

a boas mordomias

Conforme víamos, consegue-se facilmente aceitar e apoiar o êxito de pessoas que inconscientemente se tem como brilhantes, grandiosas "mais fortes". Entretanto, se por qualquer motivo o meu conceito sobre esse que tenho como brilhante, grandioso etc muda, eu passo a sentir incômodo diante de seu êxito.

Assim, se, por exemplo, minha concepção a respeito do luxuoso Cristiano Ronaldo, muda, se ele passa a ser um medíocre "menos forte", eu passo a sentir incômodo diante de seu êxito.

Eis, pois, um dos principais motivos pelos quais se diz que o ser humano é falso. Quando se está saudável, jovem, lindo, cheio de dinheiro, se tem muitos amigos apreciadores etc. Quando, porém, se esvai a saúde, a juventude, a beleza, o dinheiro, lá se vão, também, os amigos apreciadores etc.

Ao sairmos dos primeiros meses de vida vamos passando a menosprezar a nossos familiares e amigos quando, por exemplo, lhes acaba o dinheiro. Por quê? Porque, além de tudo, há no convívio coletivo uma formatação, um sistema de tradições, um pacto social abstrato que nos encaminha em tal sentido.

De modo que, parte do nosso conceito e da nossa postura em relação aos outros passam a mudar de acordo com as transformações pelas quais esses outros passam.

eber hernandes

Assim, quem desce para um conceito ou para uma situação "menos forte", passa a receber menos apreço – visto que o inconsciente coletivo dita que o natural é distribuirmos apoio e prestígio de acordo com a "importância" ou de acordo com o *capital simbólico* de cada pessoa.

Nisso somos todos um tanto quanto vítimas da cultura dentro da qual nascemos e crescemos. Tratamos a um homem-diretor de uma forma, e a um homem-pedreiro de outra forma porque, ou inclusive porque, a coerção social nos formatou para assim procedermos.

Por isso, ou inclusive por isso, quando pessoas que são "pobres" começam a viajar de avião, frequentar bons ambientes, ter acesso a boas comodidades e benefícios, suscita-se uma estranheza, um mal-estar, uma quebra das "normalidades".

Acontece, entretanto, que nem sempre nos sentimos mal e nos opomos a alegria do sujeito "menos forte" que prospera. Muitas vezes somos opostos e desprezíveis em relação a um indivíduo, mas, depois – quando esse indivíduo prospera, passamos apoiá-lo. O ser humano costuma ser taxado de falso inclusive por isso.

O que explicaria essa nossa mudança e esse nosso apoio um tanto repentinos a tais pessoas? Não é meu hábito (nem meu prazer) deixar o ouvinte suspenso. Entrementes, por uma questão de fluidez do texto e de clareza dos conteúdos, deixo para expor essa interessante resposta um pouco mais adiante.

Sob o comando do amanhecer

e do anoitecer

Em geral os bebês masculinos não nascem opostos as alegrias das mulheres e as bebês femininas também não nascem opostas as alegrias dos homens. A mulher, pelo contrário, pode dar muito prazer ao homem e o homem pode também dar muito prazer à mulher.

Sendo assim; sendo isso algo real, natural, biológico, o que faz, então, com que o assunto seja tão perturbador?

Claro que tanto o machismo rigoroso quanto o feminismo rigoroso são construções sociais etc. Mas, por que se discute isso? Por que não se consegue relaxar e ficar em paz a respeito? Qual o problema em se ter o planeta inteiro governado por mulheres, ou em se ter o planeta inteiro governado por homens?

O homem desde a infância até a velhice não tem ódio contra o comando que o amanhecer e o anoitecer, por exemplo, exercem sobre ele; ou seja, viver sob a autoridade de outrem, não é o problema. Mas, se viver sob a autoridade de outrem não é o problema, então qual é o problema?

Como se nota, em épocas e em conjunturas nas quais o homem é o chefão, ele tende a impor sofrimentos a mulher (menos forte); e, em épocas e conjunturas nas quais a mulher é a chefona, ela também tende a impor sofrimentos ao homem (menos forte). Esse é o problema. O problema é a "necessidade" de impor sofrimentos, bloqueios e desconfortos aos que ficam na posição de "menos fortes".

Aliás, conforme víamos há pouco, sofremos tanto pelo fato de ver um "menos forte" feliz, na liderança etc, quanto pelo fato de esse líder querer acabar com a nossa felicidade (por sermos tidos por ele como "fracos").

Mas isso tudo parece ser desgastante, destrutivo e até antinatural, visto que, o natural entre homem e mulher seria gerar prazer, complementar, procriar etc. Então que força é essa que nos torna opostos inclusive a nossa própria inclinação biológica? Porque não suportamos ver determinadas pessoas felizes, na liderança, etc?

No convívio coletivo, misturado com o magnífico processo civilizatório, a humanidade construiu, também, um grandioso sistema de hierarquias e de regras que nos fazem pensar que pessoas em posições "inferiores" não podem ter muita alegria. Esse é o problema.

203

eber hernandes

A criança pequena não se importa se a liderança da casa é exercida pelo papai ou pela mamãe, pois no fundo o que nós queremos (inclusive quando crianças) é que tal liderança nos faça bem. Depois, porém, somos arrastados inclusive pelo referido sistema e incorporamos o referido costume.

Passamos, então, a nos importar sobre quem é o líder, sobre quem está tendo muito prestígio, sobre como impedir que determinadas pessoas sejam felizes "demais" etc. Eis o porquê, ou melhor, eis um dos porquês de os termos 'machismo' e 'feminismo' gerarem tanto desconforto.

Claro que há também o fato de os comunistas quererem destruir as famílias, por exemplo. Mas isso já é um outro assunto.

eber hernandes

Resumo

eber hernandes

(com esclarecimentos)

As "histórias imaginárias" são divergentes e essa é, segundo o historiador ateu Yuval Noah Harari, uma das principais razões para muitos dos conflitos que se dão entre dois povos:

Cristãos e Mulçumanos, Corintianos e Palmeirenses, por exemplo.

Ou seja, toda a comunidade cientifica assente que há forças sociais interferindo no comportamento humano. Eles apenas não conseguiram fazer a conexão por mim realizada – entre tais forças, tais quais as "histórias imaginarias" e a inveja.

Detrás das histórias imaginarias está o grandioso sistema de tradições (provavelmente mais antigo) segundo o qual há humanos que são "menos fortes" e, segundo o qual, humanos "menos fortes" devem ter menos comodidade.

O argumento da presente teoria não apenas afina-se com o fato de os menos prezados serem sempre os "menos fortes".

Exemplos:

a) O fato de o homem haver exterminado a centenas de povos considerados estranhos, atrasados, inferiores "menos fortes".

b) O fato de o homem haver criado coisas tais quais os campos de concentração – a fim de penalizar e de exterminas pessoas tidas como "menos fortes".

eber hernandes

c) O fato de o homem haver maltratado a crianças, subjugado a mulheres e escravizado a homens brancos perdedores de guerra – considerados inferiores.

O argumento da presente teoria mostra, além disso, que em muitos casos não é necessário que haja divergência de opiniões, de ideologias ou de história imaginaria entre dois povos (ou entre invejoso e invejado) para que um massacre aconteça.

Ou seja, diferente do que pensa o Yuval, o fator principal para que o problema aconteça não é, em muitos casos, a divergência de opiniões ou de histórias imaginárias.

Exemplos:

a) Pai que se opõe e que bloqueia a ascensão do filho – sem ideologia oposta.

b) Esposa que bloqueia êxito do marido – sem história imaginária oposta.

c) Socio que bloqueia progresso do parceiro de negócio – tendo ambos o mesmo propósito.

d) Membros de um mesmo time, de um mesmo grupo, de uma mesma equipe que combatem uns contra os outros.

Observe que, o próprio Yuval argumenta que o homem prevaleceu sobre os demais animais por conta inclusive de sua capacidade de ser flexível.

Ele ressalta que o homem consegue alterar, adaptar, mudar as histórias imaginárias nas quais acredita.

eber hernandes

Porque, mesmo assim, inúmeros povos foram combatidos, escravizados, violentados, exterminados ao longo da história em nosso planeta?

De fato, em geral as pessoas são flexíveis. Um grupo realmente consegue aceitar, por exemplo, que outro grupo diferente, oposto, errado continue (ainda assim) vivo.

Tal flexibilidade de fato existe e de fato contribui para que dois grupos opostos se entendam, tais quais católicos e protestantes, matemáticos e letrados, corintianos e palmeirenses, americanos e japoneses.

Porque não obstante a tal flexibilidade houve (a ainda há) tanta violência, escravizações e extermínios em nosso planeta?

De acordo com o palpite levantado pela presente teoria, tais atrocidades se deram não apenas por divergência de opiniões, pontos de vistas, ideologias, histórias imaginarias.

Tais atrocidades se deram também, ou principalmente, por conta das forças sociais causadoras da inveja – forças essas que ditam que existe pessoas inferiores e que pessoas "inferiores" têm que sofrer.

Olhando a história e os conflitos notamos que nem sempre há divergência de ideologias entre agressor e agredido.

Tanto que, dois irmãos, sócios, amigos, cônjuges – que estão de acordo um com o outro, podem, mesmo assim, ficar angustiados com o êxito um do outro.

Dito com outras palavras;

eber hernandes

a) O pacto social abstrato que determina que há humanos "menos forte" é uma construção social.

b) O pacto social abstrato que determina que humanos "menos fortes" tem que sofrer mais é também construído pelo convívio coletivo.

c) Esse pacto social, sistema de tradições, corrente social, inconsciente coletivo constitui uma das mais antigas e poderosas historias imaginárias que já se criou em nosso planeta.

d) Costumamos permitir e aceitar que uma pessoa "mais forte" fique mais a vontade, tenha mais conforto e seja menos suave na lida conosco.

e) É mais difícil liberar perdão quando nosso ofensor é um "menos forte" – que de acordo com o sistema de tradições merece punição e castigo.

f)A força social que gera brigas, combates e mágoas é (em muitos casos) a mesma força social que faz com que se sintamos inveja.

Dentro das comparações e disputas sociais, todas as vezes que um grupo X se torna "mais importante", um grupo Y se torna "menos importante".

Ou seja, quando um grupo ganha mais daquilo que Bourdieu chama de "capital simbólico" o outro grupo perde "capital simbólico.

Assim, conforme o negro ganha mais importância, o branco se torna menos superior; conforme a mulher

eber hernandes

ganha mais importância, o homem se torna menos superior, conforme o adolescente ganha mais importância, o idoso se torna menos superior, e assim por diante.

Essas conversões e mudanças permitem ver claro a força social causadora da inveja. Nota-se nesse processo que;

a) A ideia de "mais forte" e de "menos forte" não é genética. Trata-se de construções sociais mutantes determinadas pelo convívio coletivo.

b) Conforme os negros ascendem na escala social, os vemos mais claramente desfazendo de brancos ou incomodados com a comodidade "excessiva" de pessoas brancas – que se tornaram "menos fortes".

c) Conforme a mulher ascende na escala social, as vemos mais claramente desfazendo de homens ou incomodadas com a comodidade "excessiva" de pessoas masculinas – que se tornaram "menos fortes".

c) Conforme o adolescente ascende na escala social, os vemos mais claramente desfazendo de pessoas mais velhas ou incomodadas com a comodidade "excessiva" de pessoas idosas – que se tornaram "menos fortes".

É a manifestação da própria inveja – fraco tem que ter menos respeito, menos prestígio, menos comodidade.

E não se trata apenas de ser tratado com menos apreço. Em todos os casos em que a pessoa que passou a ser vista como "menos forte" ameaçar ganhar muito respeito ou conforto, haverá estranheza, mal-estar, oposição. Eis o mistério da inveja.
Por traz do costume que fazia com que o branco escravizasse o negro, o homem subjugasse a mulher, o

eber hernandes

professor castigasse ao aulista, o heterossexual desfizesse do homossexual etc está o grandioso sistema de tradições gerador da inveja.

Sistema esse que passa a atuar da mesma forma na postura do negro, da mulher, do aulista, do homossexual quando as posições se invertem.

Sigmund Freud, outro pensador ateu, percebeu uma determinada angústia a afligir a mente humana. Envolto que estava em uma cultura mais machista Freud atribuiu a referida angústia a uma possível inveja que a mulher teria do pênis.

Karen Horney, psicanalista alemã, percebeu uma determinada angústia a afligir a mente humana. Envolta que estava em uma cultura mais feminista ela atribuiu a referida angústia a uma possível inveja que o homem teria do pênis.

Concordamos todos, eu o Freud e a Karen sobre que há de fato uma angústia especifica a assolar a mente humana. Discordamos todos, porém, a respeito do que seria a causa dessa angústia.

A estrutura da realidade (e a pressente teoria) mostram que a inveja acomete a todos os humanos que passam pelo convívio coletivo – independente de tal humanos ser portados de pênis ou de vagina.

Vê-se que a pessoa passa a apresentar incomodo aludente ao conforto do outro a partir do momento em que esse outro começa a ganhar mais comodidade "do que deveria" – e isso independe de a pessoa ser negro ou branco, rico ou pobre, macho ou fêmea, adulto ou adolescente.

eber hernandes

Tanto que, quando eu tenho a uma determinada pessoa como "mais forte", a mordomia total dessa pessoa (em geral) não me gera o referido incomodo; e isso, mesmo quando essa pessoa é do sexo oposto.

Exemplos;

a) É fácil para um fã comum gostar que a luxuosa atris Jenifer Lopez seja mundialmente venerada e receba uns dois milhões de dólares todo mês – mesmo sendo ela mulher.

b) É fácil para uma fã gostar que o luxuoso atleta Cristiano Ronaldo seja mundialmente venerado e receba uns dois milhões de dólares todo mês – mesmo sendo ele homem.

O problema, portanto, não está precisamente em ter pênis ou em ter vagina.

O desconcerto e a inveja acontecem mais precisamente quando quem vai gozar de tamanha satisfação é uma pessoa a qual meu inconsciente tem por medíocre, por "menos forte".

Mas a final de contas, o que será que leva o Freud e a Karem a concluírem de tais e tais maneiras sobre a inveja?
O que acontece é possivelmente o seguinte:

a) O fato de a pessoa ter pênis (ser do sexo masculino) dava mais benefícios a essa pessoa – ao homem, nos contextos mais machistas. Por conseguinte, a mulher se incomoda, e como consequência o Freud conclui que a mulher está com inveja do pênis.

eber hernandes

b) O fato de a pessoa ter vagina (ser do sexo feminino) dá mais benefícios a essa pessoa – a mulher, nos contextos mais feministas. Por conseguinte, o homem se incomoda, e como consequência a Karen conclui que o homem está com inveja da vagina.

Por que se diz que o ser humano é falso? Ou melhor, qual é a relação que há entre a inveja e essa falsidade?

Suponhamos que o Cristiano Ronaldo deixasse de ser um grandioso jogador e que ele perdesse toda a sua fortuna (o que sinceramente esperamos que jamais aconteça).

Pois bem, multidões de admiradores e de apoiadores deixariam de venerá-lo e de apoiá-lo – desde que no conceito dessas pessoas ele passasse a ser um "menos forte".

Essas multidões de ex-apoiadores seriam chamadas de falsos e em tais casos prevaleceria o dito popular que diz que "amigo é dinheiro no bolso".

Suponhamos que um rejeitado parente catador de rua acerte as seis dezenas da loto e torne-se um multimilionário. Muitos colegas amigos e parentes etc – em cujo conceito tal parente passou a ser "mais forte", o hão de bajular, apoiar, agradar.

Essas pessoas apoiadoras seriam chamadas de falsas e em tais casos também prevaleceria o dito popular que diz que "amigo é dinheiro no bolso".

Tal postura, de falsidade, e tal dito popular decorrem (ao menos em parte da força que o sistema de tradições gerador da inveja exerce na mente humana.

eber hernandes

Se a pessoa está jovial, energética, bem nutrida e cheia de dinheiro é fácil ter amizades, apoiadores e apreciadores; pois então se é um "mais forte".

Quando, porém, a pessoa está decrépita, esganiçada, mal nutrida e sem dinheiro é fácil ter inimizades, bloqueadores desprezadores; pois então se é um "menos forte".

Quando o dinheiro se esvai, lá se vão também os amigos.

Importa ter presente que as crianças ainda não completamente civilizadas e os cachorros geralmente não apresentam a referida falsidade. Ou seja, trata-se de construção social.

Note-se, também, que se trata do mesmo sistema de tradições que nos faz ficar desconcertados de inveja.

Porque alguns "menos fortes prosperam e nos deixam opostos angustiados com seu prosperar, enquanto outros "menos fortes" prosperam e nos deixam apoiadores felizes com seu prosperar?

O ser humano é, em muitos contextos, chamado de falso (e de bajulador) justamente por conta disso.

Trata-se, ao que tudo indica, de mudança de conceito. Ou seja, quando o medíocre "menos forte" prospera e o meu conceito aludente a ele NÃO muda (quando eu sigo vendo-o como medíocre "menos forte") sua prosperidade gera em mim estranheza, oposição, inveja.

Já quando o medíocre "menos forte" prospera e o meu conceito aludente a ele muda (quando eu passo a vê-lo

eber hernandes

como um "mais forte") sua prosperidade gera em mim alegria e cooperação.

A mulher pode dar muito prazer ao homem e o homem também pode dar muito prazer a mulher.

Por que em geral não se consegue aceitar que a mulher governe tudo e mande em tudo?

O ser humano não vive perturbado com o fato de ser comandado pelo dia e pela noite, por exemplo.

Acontece que em épocas e conjunturas nas quais o homem é o chefão ele tende a impor desconfortos a mulher (que fica em posição de "menos forte").

E em épocas e em conjunturas nas quais a mulher é a chefona ela tende a impor desconfortos ao homem (que fica em posição de "menos forte").

Eis o problema, ou ao menos um dos motivos principais do problema. Trata-se da necessidade de impor desconfortos a quem entra na posição de "menos forte".

Nesses tipos de conjunturas sofremos tanto pelo fato de vermos um 'menos forte" feliz demais, na liderança etc; quanto pelo fato de esse líder (ou qualquer outra pessoa) atuar contra a nossa felicidade – nos casos em que ele nos tem por "menos forte".

O conflito de gênero é um tanto antinatural, posto que, o natural seria complementar, dar prazer, procriar.

Então que força é essa que nos faz opostos inclusive a nossa inclinação biológica? Por que nos incomoda ver a determinadas pessoas em cargos de liderança?

eber hernandes

Trata-se – ao que tudo indica, da mesma força social geradora da inveja.

A criança pequena não se importa sobre se a liderança da casa, por exemplo, é exercida pelo papai ou pela mamãe, se o professor da escola é do gênero masculino ou feminino, se o maestro da orquestra é negro ou branco etc.

Porque no fundo o que a criança quer é que tal liderança lhe faça bem.

Depois de grandes (civilizados) passamos a ter aflições concernentes a quem está no comando etc.

---

eber hernandes

217

eber hernandes

XIV

Os pré-históricos, o darwinismo

e a inveja

De acordo com o darwinismo social, a humanidade é composta por diferentes espécies em diferentes etapas de desenvolvimento. E, dentro de tal processo evolutivo, as sociedades mais simples correspondem a estágios mais inferiores.

Para acelerar, então, o processo de seleção natural, ou de evolução, seria importante que os povos "menos fortes" fossem eliminados. Por isso, ou inclusive por isso, os cientistas evolucionistas baseados em Darwin, incentivaram o extermínio de diversos povos "primitivos" que viviam, por exemplo, na África, na Ásia e na Oceania no século XIX. Tais cientistas acreditavam que tais povos eram biológica e mentalmente inferiores e que, portanto, tinham mesmo que ser eliminados.

Hoje, entretanto, conforme observa a socióloga Maria Cristina Castilho, *"as nações são consumidoras e produtoras dos mesmos produtos"*. Ou seja, a ideia de que um povo é menos capaz que outro se provou totalmente equivocada – até porque em muitos casos as posições de "forte" e "fraco" se invertem completamente.

De toda forma, sofisticadas lideranças, cientistas, intelectuais etc acreditaram errado e, em decorrência inclusive de tal erro, agiram de forma cruel contra os "menos fortes" no século XIX.

eber hernandes

Partindo, pois, desse interessante tipo de exemplo me parece razoável opinar que o homem ainda mais antigo iletrado, selvagem etc pode ter incorrido no mesmo erro.

Ou seja, observando os animais (ou a cadeia alimentar) o homem antigo teria, de acordo com esse meu palpite, passado a pensar que determinadas pessoas são inferiores e que pessoas inferiores têm que ter menos comodidade.

Eis, assim, uma possível origem para o sistema de costume gerador da inveja.

Agora, caso não tenha sido isso (essa observação de que o peixe maior se alimenta do peixe menor) o que deu origem as referidas distinções entre pessoas "mais fortes" e pessoas "menos fortes", então tais distinções podem ter sido originadas pela caça, ou pela luta por sobrevivência, ou pelo o processo civilizatório etc.

De toda forma, o que aqui nos importa é reparar que os cientistas evolucionistas do século XIX – ou pelo menos parte deles, usaram as teorias de Darwin apenas para dar 'base científica' a uma ideia sobre a qual eles já estavam inconscientemente convictos. Isso porque séculos antes de Darwin nascer, já havia no Europeu (no homem mais antigo que vivia na Europa) o hábito de escravizar e de exterminar pessoas tidas como "menos fortes".

Parece evidente, portanto, que foi o homem mais antigo – e não exatamente Charles Darwin, quem legou tal costume ao homem mais moderno. Darwin apenas reforçou, estimulou e contribui para a matança e para a desgraça geral em nosso planeta.

Sendo como for, juntando os procedimentos pré-históricos, com o processo civilizatório, com as ideias evolucionistas acabamos ficamos acostumados com a ideia de que existe pessoas "menos fortes" e de que pessoas "menos fortes" devem mesmo ter menos conforto. Passamos a tê-lo como natural, normal, correto. Ficamos tão adaptados que sentimos certa angústia quando sucede o contrário,

eber hernandes

quando uma pessoa medíocre ganha muita comodidade. Eis, como me apraz reprisar, o mistério da inveja.

Do negar ser invejoso e da ineficiência das terapias

Há milênios a inveja destrói um número maior de pessoas, amizades, equipes, famílias, parcerias, empresas do que o câncer em nosso planeta. E, enquanto isso, *a* comunidade cientifica explica que é por vergonha que as pessoas negam ser invejosas. Há, aliás, um doutor cientista professor da USP que define a inveja como "o pecado envergonhado".

Ora, as pessoas vão permitir que um problema, uma ferida ou uma dor as destrua a si, a sua família, a seus negócios porque elas têm vergonha de mostrar/confessar a questão ao médico? Evidente que não. As pessoas temos instinto de sobrevivência que amiúde, fala mais alto do que nossos escrúpulos, pudores, decoros e vergonhas.

A explicação que a presente teoria trás para tal negar, é que a essência e o mecanismo de funcionamento da inveja divergem dos conceitos que o planeta tem de inveja.

Ou seja, o angustiado diz que não tem inveja porque ele sente um desconcerto ao qual o termo 'inveja' simplesmente não descreve e não explica. O desconcerto que o invejoso sente discrepa, destoa, diverge, não coaduna com a concepção que o mundo tem de inveja; ou seja, o problema do invejoso é "outro" e, por isso, ele afirma e sustenta que não tem inveja nenhuma de ninguém.

É verdade que o invejoso sente uma determinada aflição em certos contextos; aflição essa que é a própria

eber hernandes

inveja. Em inúmeros casos, porém, ele não quer o que é do outro, não se sente inferior ao outro, não tem escassez de autoconhecimento, não sente falta de algo que está no outro, não é um fracassado, não quer ser o outro, não quer ter o brilho do outro, nem nada disso. Isso significa o que?

Significa que nada do que já foi dito sobre a inveja define exatamente o que acontece com a pessoa que sente tal aflição. Ou seja, nada do que já foi dito sobre a inveja condiz com aquilo que o invejo realmente sente.

As pessoas, por conseguinte, negam ser invejosas, pois são acusadas de sentirem algo que na verdade não sentem.

De acordo o harmônico conjunto de fatos trazidos pelo presente trabalho, quando alguém diz: *"Eu não tenho inveja!"* esse alguém está na verdade dizendo algo como, *"O que eu sinto não tem nada a ver com isso que chamam de inveja. Eu não quero o que é desse outro, não me sinto inferior ele, não sinto falta de algo que está nele, não sou incapaz de ficar feliz com a felicidade dos outros nem nada disso!"*

Ou seja, em geral o que esse alguém sente não tem nada a ver com aquilo que os estudiosos chamam de inveja.

Por outro lado, geralmente quando o paciente diz *"Sim, eu tenho inveja do fulano!"* não acontece melhoramento nenhum no quadro desse paciente. Por quê? Porque em tais casos ocorre uma conscientização desacertada. Não toca o ponto/problema exato na mente do paciente, não desativa recalque algum, não desconstrói nada.

Quando o paciente diz *"Sim, eu sou invejoso!"* não acontece melhoramento nenhum porque em geral tal paciente está apenas tentando ser evoluído, moderno, cooperativo. Ele faz tal declaração, não por saber profundamente o que está dizendo, mas sim, por querer cooperar para que a terapia, o tratamento ou a palestra funcione.

221

eber hernandes

Tal declaração, porém, costuma não dar em nada porque tanto o especialista quanto o paciente têm um conceito equivocado sobre a inveja.

Há um costume forte e antigo que nos faz pensar que, por exemplo, um motorista de taxi analfabeto deve ter menos confortos e menos aplausos do que um piloto de avião culto.

Por conseguinte, todas as vezes que o taxista analfabeto ameaça ganhar mais confortos e mais aplausos do que o piloto culto, esse costume é contrariado. Tal contrariação gera uma angústia; e, as referidas palestras/terapias não funcionam porque, tanto o paciente quanto o terapeuta, ignoram que esse é o mecanismo e a essência da inveja.

O terapeuta invejado

e o fato social

A psicanalista austríaca Melanie Klein diz que o paciente tem inveja do analista. Ela, por desconhecer a teoria aqui exposta, diz, também, que é justo por isso (paciente invejar analista) que as terapias que lidam com a inveja não funcionam.

Porém, como se constata diariamente, os artistas, os líderes, os médicos, os atletas, os palestrantes, os empresários, os inventores etc ganham reconhecimento, aplausos e dinheiro quando realmente beneficiam o ser humano. As pessoas devolvem gratidão quando têm um problema realmente resolvido por alguém "forte". A conta bancária de gente como Bill Gates é muito bem servida e o atesta.

Portanto, se as terapias que lidam com a inveja realmente funcionassem (se elas resolvessem o problema),

222

não haveria razão para os pacientes devolverem insatisfação aos analistas. Não é assim que a humanidade funciona.

Ninguém diz, por exemplo: *"Eu vou ficar no escuro. Eu me recuso a usar lâmpada elétrica porque estou com inveja do Thomas Edson!"*. Todos, pelo contrário, usamos com prazer e com gratidão a lâmpada e os demais benefícios trazidos pela genialidade humana.

Ou seja, as pessoas costumam devolver gratidão quando têm um problema realmente resolvido. De modo que, se as referidas terapias funcionassem, não haveria motivo para as rejeitarmos e para continuarmos sofrendo de inveja.

O terapeuta, segundo minha tese, tem um conceito equivocado sobre a inveja e, por conseguinte, é dado um 'medicamento' errado ao paciente.

Como resultado, a terapia não funciona. Ou seja, não é porque o cliente tem inveja do analista que o trabalho não funciona. As terapias não funcionam porque o problema é abordado de forma equivocada.

Até hoje se pensa a inveja como problema místico, biológico e/ou psicológico (quando na verdade trata-se de um fato social).

Quando as coisas vão

muito bem

Inúmeras pessoas 'pobres' tornam-se formatadas e programadas de tal forma que chegam a sentir uma angústia específica. E sentem tal angústia mesmo não estando com inveja alguma de ninguém. Tais pessoas são invadidas por essa aflição que vem trazida pela ideia de que logo toda a alegria será destruída e de que logo algo de ruim lhes há de suceder.

eber hernandes

Em geral isso acontece porque na parte menos consciente da mente de tais pessoas está afixado que o normal é luta, pesares e sofrimentos. De modo que quando as coisas vão bem, tais pessoas ficam aflitas esperando por sofrimentos. Pensam que está tudo 'bom demais para ser verdade' – porque acham que a verdade tem que ser dura.

Como se sabe, a aflição supracitada é bastante conhecida e comentada por centenas de palestrantes autoajuda mundo à fora. Não se trata de descoberta minha. Minha contribuição pessoal e original está em perceber e em explicar a relação que há entre esse tipo de realidade e a inveja.

Em geral a pessoa está angustiada porque considera tais alegrias grandes demais para serem gozadas por alguém tão "inferior" – o que significa que na mente de tal pessoa consta que determinadas pessoas não podem desfrutar de determinadas alegrias.

Quem introjetou na mente de tais pessoas a ideia de que determinadas pessoas não podem ter muita alegria? A cultura (o pacto social, a corrente social abstrata).

Realidades tais quais o fato de a pessoa ter angústias quando as coisas lhe vão muito bem, atestam a existência do referido sistema de costumes (que gera a inveja).

E, ao mesmo tempo, a existência do mesmo sistema de costumes explica tais fenômenos (o fato de a pessoa achar que está tudo bem demais para ser verdade).

Ou seja, o que atesta a existência de um costume que me faz ter inveja? O fato de eu estranhar a alegria dos que eu tenho por 'fracos".

E o que me faz estranhar a alegria dos que eu tenho por "fracos"? A existência de um costume que me faz ter como justo, normal e correto quer pessoas "fracas" tenham menos conforto.

Evidente que a formatação social que leva tantas pessoas a esperarem por pobreza, escassez e sofrimentos é triste. Evidente também, que a referida formatação faz com que se tenha angústia tanto quando as coisas vão bem

eber hernandes

"demais" para si, quanto quando as coisas vão bem "demais" para outrem (tido como medíocre).

Ou seja, a referida formatação é justamente o que nos faz sentir a angústia mundialmente chamada de inveja.

Pais, professores e líderes vitimados

Em geral nós quando crianças bem pequenas não temos isso de achar que logo toda a alegria será destruída. A criança fantasia tudo, acredita em tudo e atua como quem pode ser e ter tudo. Aliás, as crianças em geral são criaturas indefesas e amáveis. Mas, mesmo assim, mesmo sendo mais fácil amar as crianças, elas foram tratadas de forma um tanto violenta ao longo da história. Por quê?

Por certo isso se deu porque em tais contextos e épocas, tais crianças eram consideradas "inferiores". E esse interessante detalhe mostra que inclusive o amor é um tanto distorcido e bloqueado pelo sistema de tradições aqui exposto.

O histórico de violências praticadas contra crianças mostra que, levados por tal tradição, podemos atuar inclusive contra o conforto das pessoas que mais amamos: esposa, vizinho, sócio, assistente, irmão, marido, filho etc.

Mas, voltando ao que eu dizia, nós quando crianças bem pequenas não temos isso – não temos angústia porque a

eber hernandes

brincadeira está gostosa demais, por exemplo. A criança pequena age como se ela e todo mundo (mesmo sendo pobre etc) pudesse ser tudo e ter tudo.

Depois o convívio social vai destruindo isso e vai amarrando a pessoa à miséria.

Ao pensarmos isso, importa ter presente que em geral tal destruição, amarração, formatação acontece por necessidade, por falta de conhecimento adequado, por falta de técnicas pedagógicas mais apropriadas e mais saudáveis, por limitação financeira etc.

Ou seja, ao pensarmos isso, importa ter presente que no geral os pais, professores e líderes que instruem as crianças em tais veredas, também são vítimas em tal processo. Em geral não se trata de maldade proposital contra nossos filhos, alunos etc.

Aliás, se a criança não recebe certas limitações quando pequena, ela, em muitos casos, machuca a si, machuca a outros e, em muitos casos, não consegue continuar viva sequer até a adolescência.

Apesar de tudo, conforme o tempo passa, a democracia liberal, os avanços científicos, a internet etc parecem levar mais comodidade a um maior número de pessoas. (Não que as coisas tendam sempre a melhora. Me parece equivocado, entretanto, dizer que nada nunca melhora).

Então a medida que a democracia liberal, os avanços científicos, a internet etc levam mais comodidade a um maior número de pessoas, muita gente pouco servida de dinheiro passa a poder desfrutar de prazeres aos quais somente pessoas muito ricas tinham acesso no passado. E é interessante observar que toda essa comodidade dividida com pessoas consideradas "inferiores", também gera desconcerto, aflição, oposição (porque contraria o "normal").

Temos, assim, pessoas que ficam aflitas por estarem vivendo melhor e por acharem que está tudo 'bom demais para ser verdade'; e temos, ao mesmo tempo, pessoas

eber hernandes

perturbadas por verem gente "muito fraca" tendo muita comodidade.

Ou seja, temos em tais caraminholas a oportunidade de presenciar a essência da inveja em funcionamento.

A ideia, aliás, de testar a fim de saber quem é deveras nosso amigo, observando as reações, é "excelente"; trata-se de uma excelente forma de destruir nossas amizades, nossas parcerias, nossos casamentos etc.

Talvez um caminho melhor seja tentar entender como a inveja realmente funciona, posto que, mesmo sendo um bom amigo, a pessoa pode estar coagida (pela força social aqui exposta) a estranhar e a se opor a meu êxito.

eber hernandes

Resumo

(com esclarecimentos)

De acordo com o darwinismo social a humanidade é composta por diferentes espécies em diferentes etapas de desenvolvimento.

Dentro de tal processo evolutivo as sociedades mais simples correspondem a estágios mais inferiores.

Para acelerar então o processo de seleção natural (ou evolutivo) seria importante que os povos "menos fortes" fossem exterminados.

Baseados nisso, ou inclusive por isso, os cientistas evolucionistas incentivaram o extermínio de diversos povos primitivos que viviam na África, na Asia, na Oceania no século XIX.

eber hernandes

Sofisticadas lideranças, cientistas, intelectuais acreditaram errado e, por conseguinte, atuaram de forma cruel contra os "menos fortes" em tais tipos de conjunturas.

Esse interessante exemplo parece tornar um tanto razoável conjecturar que o homem mais antigo (iletrado, selvagem) pode ter incorrido no mesmo tipo de equívoco.

Ou seja, convivendo junto e observando a cadeia alimentar, o homem antigo teria, de acordo com esse meu palpite, passado a pensar que determinadas pessoas são mesmo "inferiores" e que determinadas pessoas têm mesmo que morrer ou que ter menos conforto.

Eis assim, uma possível origem para o sistema de tradições gerador da inveja.

Cientistas evolucionistas, ao que tudo indica, usaram as teorias de Darwin apenas para dar base "científica" a uma ideia sobre a qual eles já estavam convictos.

Séculos antes de Darwin nascer já havia no homem mais antigo que vivia na Europa o hábito de escravizar e de exterminar pessoas tidas como "menos fortes".

Tal costume foi legado pelo homem mais antigo. Darwin, tentando provar que a coisa toda é biológica, apenas reforçou, estimulou, contribuiu para tais e tais procedimentos – agressivos contra os "menos fortes".

De toda forma, juntando procedimentos pré-históricos com processo civilizatório, com ideias evolucionistas ficamos afeitos a ideia de que pessoas "menos fortes" tem que sofrer mais, tem que ter menos comodidade.

eber hernandes

De modo que, quando acontece diferente ficamos um tanto desconcertados. Eis o mistério da inveja.

Há milênios a inveja destrói a um maior número de pessoas, amizades, famílias, equipes e empresas do que o câncer em nosso planeta.

E o especialista explica que é por vergonha que as pessoas negam ser invejosas.

Mas, pergunto, as pessoas iriam permitir que um problema destrua sua mente, sua paz, sua família, seus negócios por estar com vergonha de confessar tal problema ao médico?

A estrutura da realidade mostra que nosso instinto de sobrevivência costuma falar mais alto que nossos escrúpulos e pudores.

Então se, não é por vergonha, por que será que as pessoas negam que estão com inveja?

Provavelmente o que acontece é que a essência e o mecanismo de funcionamento da inveja divergem dos conceitos que o mundo tem de inveja.

Ou seja, o angustiado diz que não está com inveja porque ele sente um desconcerto ao qual o termo inveja não descreve.

E, quando o paciente diz "Sim, eu estou sofrendo de inveja do fulano!", não acontece melhoramento algum no quadro desse paciente. Por quê?

eber hernandes

Porque não acontece conscientização, não se toca o ponto/problema exato na mente do invejoso; e, portanto, não desativa recalque algum.

Parece que geralmente o paciente diz/confessa que está com inveja apenas para tentar ser evoluído, tentar cooperar, tentar fazer com que a terapia ou a palestra dê certo.

Daí, por ignorarem o que é a inveja e como a inveja de fato funciona, especialistas tais quais a austríaca Milene Klein explica que as terapias correlatas não funcionam porque o paciente tem inveja do terapeuta.

Ora, nota-se na estrutura da realidade que artistas, médicos, atletas, palestrantes, inventores de todos os tipos
Recebem apoio, aplausos e dinheiro quando eles realmente beneficiam o ser humano.

Além disso, as pessoas não costumam dizer coisas como;

a) "Eu vou viver no escuro, eu me recuso a usar a lâmpada elétrica porque estou com inveja do Thomas Edson".

b) "Eu vou andar a pé, eu me recuso a usar o automóvel por que estou com inveja do Henry Ford".

c) "Eu me recuso a usar o celular e a usufruir de seus benefícios porque estou com inveja do Steve Jobs".

As terapias não funcionam, não porque o paciente tem inveja do terapeuta; mas sim, porque o terapeuta faz algo como "dar o medicamento errado" ao paciente. É

eber hernandes

como alguém que machucou a perna e fica passando o remédio no braço, tentando sarar a perna.

Por que tantas pessoas ficam um tanto angustiadas quando as coisas lhe vão muito bem?

Porque, em muitos desses casos, houve na mente dessa pessoa uma programação para o desconforto, para a escassez e para o fracasso.

Por que a presente teoria cita todos esses tipos de fatos? Isso constitui minha didática. Faço uso de tais realidade com o fito de conseguir expor e explicar a essência e o modo de funcionamento da inveja.

A mesma força social que deixa a pessoa desconcertada quando as coisas lhe vão bem "demais" é a força social geradora da inveja.
Mas porque adotei tal método de exposição da minha teoria?

Porque ao tentar mostrar a inveja como construção social não falo apenas de um problema que é abstrato. Falo de um problema que, além de ser abstrato, é inaudito.

Ninguém, antes da presente teoria havia pensado e explicado a inveja como fato social. Tomei tal caminho porque precisei de parâmetros reais e conhecidos – para poder mostrar o desconhecido.

Porque mesmo sendo mais fácil amar as crianças do que aos adultos, elas foram, em muitos contextos, violentadas ao longo da história?

eber hernandes

Uma das explicações para tal é que em tais conjunturas tais crianças eram inferiores "menos fortes".

O que esse fato mostra de muito interessante?

Mostra, por exemplo, que até mesmo o amor é, em inúmeros casos, bloqueado, maculado, distorcido pela corrente social geradora da inveja.

Se é mais fácil amar as crianças (que são criaturas mais puras e mais doceis) então porque seria necessário criar imposições tais quais o ECA -Estatuto da Criança e do Adolescente?

Tal costume, o de impor sofrimento aos "menos fortes", nos faz atuar inclusive contra pessoas que mais amamos, tais quais cônjuges, irmãos, sócios, filhos.

No passado o idoso era, em muitos lugares, respeitado e se costumava até pedir-lhes a benção. Por que hoje em países como o Brasil é necessário impor o Estatuto do Idoso?
Com a ascensão da mulher, o advento da internet etc o idoso perdeu aquilo que Bourdieu chama de "capital simbólico". Ele passou a ser aquilo que eu chamo de "menos forte".

Em decorrência de tais mudanças muitos idosos passaram a ser tratados como pano de chão.

eber hernandes

eber hernandes

XV

A dualidade, as árvores

e os menos fortes

Acontece de querermos que as coisas deem certo para determinada pessoa e de, depois (ou ao mesmo tempo) torcermos para que tal pessoa fracasse. Em geral essa dualidade na postura de tantas pessoas se dá inclusive por conta da força coercitiva que o sistema de costume exerce sobre a mente humana.

Assim, eu aceito e gosto, por exemplo, que as arvores vivam frondosas e lindas por 300 anos, que os pássaros voem livres sem trabalhar, que o meu astro favorito compre mais uma mansão luxuosa etc.

eber hernandes

Ou seja, há em mim alguma bondade genuína. Não há dualidade alguma nesse querer, nessa aceitação.

Mas, se, por exemplo, minha irmã se divorcia e volta a morar na casa dos meus pais, eu, em muitos casos, fico desconcertado. Eu quero sinceramente ter uma família harmônica, unida, equilibrada, forte e linda. Porém, se meu sobrinho, por quem eu torço de verdade, ingressa no doutorado, eu, em muitos casos, sinto certa aflição. Não é interessante?

Há, nesses casos, uma determinada dualidade em nossa postura; dualidade essa inexistente na criança pequena. As crianças pequenas ainda não completamente civilizadas, ficam totalmente felizes (ou totalmente indiferentes) diante de situações desse tipo. Quando crianças, somos isentos da angústia/dualidade aqui discutida.

Depois o convívio coletivo, ou inclusive o convívio coletivo, muda isso. Por isso, ou inclusive por isso, a aludida dualidade aparece em nossa postura. Queremos, então, que as coisas deem certo para todas as pessoas; mas, ao mesmo tempo, tendemos a estranhar o conforto de determinadas pessoas. Que pessoas? As "menos fortes".

Incentiva-se a algumas pessoas

e desestimula-se a outras

Como se nota, os termos 'mais forte' e 'menos forte' vão sempre entre aspas aqui porque trata-se de conceitos um tanto distorcidos.

A esposa, o filho, o marido etc podem ser muito mais importantes para determinada pessoa do que um determinado astro internacional, por exemplo. Entretanto, devido ao convívio coletivo, essa determinada pessoa cria

eber hernandes

um apreço específico pelo tal astro "mais forte" e cria uma rejeição especifica ao familiar "menos forte".

Assim, mesmo tendo mais amor por sua esposa, marido, filho etc, tal pessoa costuma dar mais importância ao tal astro e costuma ficar mais feliz diante do êxito do referido astro.

Nesse tipo de casos, embora a pessoa ame mais a seu marido, filho etc, o astro lhe costuma ser "mais forte", "mais importante", mais digno de conforto e de aplausos.

Mas, conforme eu dizia, nós quando crianças pequenas gostamos de ver a harmonia e o bem-estar de todos, independente do cargo, da cor, da idade, da profissão, do sotaque, do uniforme que tal humano apresenta. (Isso antes de recebermos a formatação completa da cultura).

E o adulto continua gostando de ver a harmonia e o bem-estar das pessoas; mas, agora já depende. Depende do cargo, da cor, da idade, da profissão, do contexto, do sotaque, do uniforme, da quantidade de dinheiro que essa pessoa apresenta etc.

De modo que se, por exemplo, meus astros favoritos estiverem muito bem, eu continuo feliz. Mas se meu cunhado, por exemplo, vai bem no curso de piano, eu já me sinto um tanto desconcertado, dolorido.

O pensador Adam Smith dizia que uma espécie de 'mão invisível' atuaria no equilíbrio do livre comercio. Eis, entretanto, a força social que impede um melhor desempenho da aludida mão.

Se um bom produto ou serviço é oferecido por uma empresa ou pessoa "forte", o público aceita pagar caro, mas, se esse mesmo produto ou serviço bom é oferecido por uma empresa ou pessoa "fraca", o público não aceita pagar caro.

Se um bom negócio é empreendido por pessoa "mais forte", os vizinhos incentivam e apoiam, mas, se esse mesmo negócio é empreendido por pessoa "menos forte", os vizinhos desestimulam e se opõem. Essa é uma das mais interessantes dualidades humanas. Esse é o mistério da inveja.

237

eber hernandes

As leis, os uniformes

e a inveja

Inúmeros livros, quadros, teses, óperas, poemas, legislações dão muito prazer a quem os compreende. Em muitos casos, contudo, tais trabalhos são de complicação indecifrável. Por quê? Sem dúvida parte dessa complicação toda se deve ao fato de se querer evitar que pessoas tidas como pobres medíocres tenham acesso a tal prazer.

Aliás, é oportuno lembrar que (conforme eu disse no início) em nosso planeta tudo o que é fabricado para servir a pessoas "inferiores", tem qualidade também inferior – e todas as vezes que um "inferior" tem acesso a algo de boa qualidade, se gera estranheza.

Levadas, pois, por tal sistema de costumes, as pessoas das classes mais simples tendem a se oferecer apoio, produtos e serviços de qualidade inferior umas às outras enquanto, por outro lado, as pessoas das classes mais sofisticadas tendem a se oferecer apoio, produtos e serviços de qualidade superior umas às outras.

Assim, tudo contribui para reforçar a equivocada impressão de que a inveja (oposição, maus tratos, desprezo etc) é uma característica exclusiva de gente miserável. E esse interessante processo contribui, ao mesmo tempo, para que as coisas sigam injustas e desiguais no nosso planeta.

Por conseguinte, em face de todo esse harmônico e grandioso desencontro, se é facilmente levado a concluir que a fraqueza ou maldade ingênita que há no homem, é o que explica tudo. Diante de tudo se é levado inclusive a concluir que o homem é totalmente mal e que são as leis quem controla, camufla, reprime toda essa maldade genética.

eber hernandes

Entretanto, como se vê, os problemas são (em muitos casos) criados justamente pelas leis. Os formadores de opinião ensinam, por exemplo, que fumar cigarros é símbolo de sucesso, depois vêm outras regras proibir o cigarro; as crianças brancas são educadas para açoitar as crianças negras, depois vem outra educação proibir o racismo; as crianças masculinas são formatadas para humilharem as crianças femininas, depois vem outra formatação proibir o machismo; algumas adolescentes femininas que estudam em escolas públicas da periferia são formatadas para agredir aos professores e aos meninos, depois vêm outras leis coibir a agressão na escola etc.

Ou seja, nesses tipos de casos, as leis não estão controlando nem reprimindo maldade inata; mas sim, problemas construídos pelo convívio coletivo. Ou melhor, as leis estão controlando problemas criados pela própria lei.

As regras e leis coletivas dividem as pessoas em uniformes, cargos, cores, departamentos, hierarquias etc. E, misturado a tais regras e leis (que geralmente são necessárias e importantes) vai um 'joio' despercebido. Esse joio convence as pessoas desde criança de que um enfermeiro, por exemplo, não pode ser tão respeitado quanto um médico.

Depois, quando o enfermeiro ameaça ganhar muito respeito, as pessoas logicamente o estranham, se incomodam – porque aprenderam que quem tem que ter muito respeito é o médico.

Daí vem o especialista explicar que o homem é cem por cento geneticamente invejoso e malvado, que o invejoso quer o brilho do outro etc.

Quer-se família bonita, mas não se aceita

família bonita

239

eber hernandes

Em geral nós gostamos de dizer que somos amigos de intelectuais, de milionários, de famosos etc. Temos orgulho em ser cunhado, irmão, filho, pai, esposa, marido de uma pessoa bem culta e bem sucedida. Gostamos de dizer que trabalhamos em uma grandiosa empresa com gente rica, culta e linda. Também nos é agradável residir em bairro lindo, próspero, civilizado com vizinhos saudáveis, educados, prósperos e assim por diante. Ou seja, nós gostamos de fazer parte de um time lindo e vitorioso. Por quê? Porque disso depende nossa segurança, nosso bem-estar, nossa sobrevivência.

Acontece, porém, que quando o colega de equipe, o irmão, a esposa, o marido, o vizinho tentam ficar fortes, cultos e bem sucedidos nós, em muitos casos, estranhamos, temos mal-estar, impedimos. Não é interessante?

Como teremos grandiosos amigos se somos contra o êxito de nossos próprios amigos? Como teremos uma família linda e forte se atuamos contra o êxito de nosso próprio cônjuge, irmão, cunhado, sobrinha etc? Como trabalharemos em uma grandiosa empresa se somos contra o êxito de nossos sócios, líderes, operadores ou colegas de trabalho? Como moraremos em bairro seguro, civilizado, bonito se somos opostos ao progresso de nossos vizinhos?

É evidente, ou ao menos parece ser evidente, que há uma força social exterior a nós que interfere e que distorce nossas vontades mais naturais e mais nobres. É evidente, outrossim, que tal força gera o desconcerto, a angústia, a dualidade aqui discutida. Assim, uma hora quer-se ter família próspera, unida, linda etc, mas ao mesmo tempo, fica-se um tanto desconcertado diante da possibilidade de os próprios familiares ficarem unidos, terem êxito etc.

Da relação entre a inveja

eber hernandes

e o culto a pobreza

É oportuno reparar que em geral a pessoa que tem hepatite, por exemplo, não quer que seus próprios filhos também sejam vitimados por tal moléstia. Bilhões de pessoas, pelo contrário, torcem pela cura. Querem a cura completa da AIDS, do Alzheimer, do tétano, da hepatite etc.

Além disso, não se costuma fazer discursos ou palestras louvando, por exemplo, o tétano ou incentivando as pessoas a tornarem-se portadoras de tal doença. Ninguém diz a outrem: "Ei você, sinta-se nobre e orgulhoso de ser portador dessa terrível doença!" Se o sujeito tem um câncer, por exemplo, muita gente torce para que tal sujeito supere completamente a tudo e sobreviva limpo, livre, feliz.

Já em relação a prosperidade/pobreza, a situação é bem diferente. Bilhões de pessoas querem e torcem para que o sujeito pobre permaneça pobre na miséria. Aliás, no geral a própria pessoa que é pobre educa e força seus próprios filhos na direção da pobreza.

Há, como se vê, milhões de discursos, livros e palestras em toda parte elogiando a pobreza e incentivando as pessoas a terem orgulho de permanecerem na miséria. Ou seja, embora a pobreza seja, ou parece ser, uma formatação totalmente curável, trata-se de questão um tanto grave.

Há, aliás, milhares de pessoas que detestam ideia de ficar ricas justo porque não querem 'morrer e deixar tudo aí'. Ou seja, tais pessoas têm horror a possibilidade de um dia seus familiares terem vida farta.

Mas, pergunta alguém, o que é que isso tem a ver com a inveja? Tudo, respondo eu. O culto e o elogio a pobreza reforçam nas pessoas a ideia de que pessoas "menos fortes" não podem e não devem prosperar.

Esse culto é, por conseguinte, um dos principais motivadores da inveja no nosso planeta, visto que, a partir de tal formatação se tem mal-estar e angústia toda vez que alguém ameaça desobedecer ou contrariar o convencional;

eber hernandes

ou seja, se tem mal-estar e angústia toda vez que alguém
ameaça sair da miséria.

eber hernandes

Resumo

(com esclarecimentos)

Os termos "mais forte" e "menos forte" vem sempre entre aspas porque trata-se de conceitos um tanto distorcidos de seu significado comum original.

"Mais forte" é aquela pessoa por quem se tem um tipo especial de apreço – e essa pessoa é tida como "mais forte" somente enquanto durar esse apreço especial.

"Menos forte" é aquela pessoa por quem se tem um tipo especial de desprezo – e essa pessoa é tida como "menos forte" somente enquanto durar esse desprezo especial.

243

eber hernandes

Exemplo;

O filho, o marido, a esposa etc podem ser muito mais importantes para uma determinada pessoa. Essa determinada pessoa, entretanto, cria, em muitos casos, um tipo especial de apreço por um ator famoso ou por um grandioso atleta.

Nesses tipos de casos o filho, o marido a esposa etc serão "menos fortes" e o grandioso atleta será "mais forte", para a pessoa do nosso exemplo.

De modo que se a esposa estourar com uma música de sucesso, o marido, em muitos casos, ficará desconcertado e oposto. Mas se o grandioso atleta estourar com vários gols o mesmo marido há de ficar feliz e apoiador.

Sobre a 'mão invisível' de Adam Smith:

a) Quando um bom produto ou serviço é oferecido por uma pessoa ou empresa "mais forte", o publico aceita pagar caro por tal aquisição.

Quando um bom produto (o mesmo produto) ou serviço é oferecido por uma pessoa ou empresa "menos forte", o público não aceita pagar caro por tal aquisição – e em muitos casos não a quer nem de graça.

b) Quando um bom negócio é empreendido por pessoa "mais forte", as pessoas, em geral, incentivam e apoiam.

Quando um bom negócio (o mesmo negócio) é empreendido por pessoa "menos forte", as pessoas, em geral, se opõem e desestimulam.

eber hernandes

Eis a força social que impede um melhor equilíbrio da dinâmica capitalista.

Eis a força social que impede um melhor desempenho da "mão invisível".

Eis a força social que ajuda a manter tanta gente talentosa, esforçada, criativa na miséria.

Eis a força social geradora da inveja.

Tudo o que é produzido e/ou fabricado em nosso planeta destinado a servir a pessoa "menos fortes", tem qualidade inferior.

E todas as vezes que algum inferior tem acesso a algo de qualidade excelente, se gera inveja.

Alguém poderia misturar tudo e dizer que tudo deve-se a natureza decaída e pervertida do homem.
Dir-se-ia que a maldade humana é camuflada, reprimida pelas leis, proibições etc.

Não nego que o homem seja decaído e inclinado para a maldade.

A estrutura da realidade parece mostrar, não obstante, que em muitos casos os problemas são criados pelo convívio coletivo e pelas próprias leis.

Exemplos;

a) Muitos formadores de opinião ensinaram que fumar é símbolo de sucesso e de elegância. Depois vem as leis proibir o fumo.

eber hernandes

b) A inúmeras crianças brancas foi ensinado que crianças negras devem ser açoitadas. Depois vem as leis proibir o racismo.

c) Crianças masculinas, em muitos casos, aprenderam que crianças do sexo feminino, devem ser subjugadas. Depois vem as leis para proibirem o machismo.

d) Adolescentes meninas das escolas públicas aprenderam que devem agredir a seus pais, professores e colegas masculinos. Depois vem as leis proibirem a agressão na escola.

Da mesma forma as multidões aprendem que se deve dividir os grupos humanos em uniformes, cargos, departamentos, hierarquias. Ensina-se, também, que os de cargos mais baixos devem ganhar salários mais baixos etc.
Evidente que, nem sempre tais e tais regras são criadas e ensinadas partindo de má intensão. Em inúmeros casos se quer ser correto, equilibrar, fazer justiça, tornar o convívio possível, amistoso, fluente.

De toda forma, o especialista, sem saber como a inveja funciona, tende a misturar tudo.

Quando o inferior ganha salário e tratamento muito altos, as pessoas estranham e ficam desconfortáveis. Daí o cientista é levado a concluir que o invejoso quer o brilho do outro, que a inveja é um traço genético incurável etc.

Mas, em muitos casos, a pessoa está apenas seguindo a regra, a lei, a formatação que lhe foi introjetada na mente.

----

eber hernandes

eber hernandes

XVI

A sabedoria

do hipocondríaco

Pensávamos há pouco a respeito de uma interessante dualidade. Víamos que uma hora se quer, por exemplo, ter família próspera, unida e linda, mas depois (ou ao mesmo tempo) se fica um tanto desconcertado diante da possibilidade de os próprios familiares ficarem unidos, terem êxito etc.

eber hernandes

Nota-se, entretanto, que quando o meu irmão ou cônjuge se acidenta ou fracassa totalmente; quando alguém a quem eu amo, fica adoentado na cama totalmente sem forças para reagir, eu, em muitos casos, consigo manifestar compaixão e apoio sinceros. Por quê?

Isso acontece porque, ou inclusive porque, o que me angustiava era inclusive, ou principalmente, a possibilidade de um "menos forte" ganhar muito conforto. Extinta tal possibilidade, o sistema de costume deixa de ser o comandante da minha mente. Eu tenho, então, momentos livres daquilo que o pensador Eckrt Tolle chama de *insanidade coletiva*. Consigo, por conseguinte, sentir compaixão, condolência; consigo passar a torcer sinceramente para que a pessoa querida e acidentada se salve, se recupere, vença tudo e seja feliz.

O hipocondríaco, aliás, parece haver percebido essa constante. Através da reação das pessoas, esse eterno 'enfermo' parece haver sentido que, no geral, lhe é mais proveitoso já ir logo dizendo que está péssimo, adoentado e com dores pesadas. Ele, assim, evita diversas oposições, boicotes e invejas. Ele, além disso, conquista mais facilmente certa quantidade de compaixão e de apoio alheios, já que, se apresenta sempre como um fracassado sem possibilidade alguma de ter êxito.

Escondido em sua terrível "doença", o hipocondríaco se protege da impactante força social geradora da inveja.

Nem sempre a pessoa que prospera

suscita inveja

eber hernandes

Como víamos há pouco, acontece, não obstante, que nem sempre nos sentimos mal e nos opomos a alegria da pessoa "menos forte" que prospera. Muitas vezes somos opostos e desprezíveis em relação a uma pessoa, mas depois – quando essa pessoa prospera, passamos apoiá-la. O ser humano costuma ser inclusive taxado de falso por conta desse interessante tipo de postura.

Ou seja, acontece de uma pessoa ficar rica e passar, de pronto, a ser incentivada, apoiada, aplaudida por gente que de repente se converte em grandes amigos apreciadores dessa pessoa.

O que explicaria essa nossa mudança e esse nosso apoio um tanto repentinos a tais pessoas que prosperam?

De acordo com o harmônico conjunto de fatos, exemplos e argumentos apresentados pela presente teoria, o que acontece aqui é algo bastante fácil de explicar/perceber.

Aliás, importa dizer, trata-se de algo passivo de alterações e de melhoras futuras. Sim, esse trabalho, conforme se infere daquilo que até aqui foi exposto, se configura mais como uma exposição da minha opinião atual sobre a inveja do que como um teorema rigorosamente científico. Não obstante a isso, tal trabalho apresenta alguns traços que o tornam digno de certo crédito. E um desses traços é justo a absoluta ausência de qualquer contradição entre os argumentos e fatos nele apresentados.

Mas voltando ao assunto, nem sempre nos sentimos mal e nos opomos a alegria da pessoa "menos forte" que prospera. Muitas vezes somos opostos e desprezíveis em relação a uma pessoa, mas quando essa pessoa prospera, passamos apoiá-la. E eu vinha dizendo que o que acontece em tais casos é algo bastante fácil de explicar/perceber.

Pois bem, deixamos de nos opor ao êxito de determinada pessoa "menos forte" quando, por qualquer razão, essa pessoa ascende no nosso conceito.

Ela se torna, então, merecedora de mais apreço (já que, para o nosso inconsciente é normal que uma pessoa "mais forte" tenha mais comodidades).

eber hernandes

Assim, quando uma pessoa sobe de cargo, enriquece etc e o meu conceito sobre ela muda (sobe), tal pessoa passa a receber meu apreço, minha admiração, meu apoio. Eu passo a sentir prazer em seu êxito.

Mas, e os casos contrários? O que será que faz com que eu sinta ainda mais angústia à medida que determinada pessoa se torna mais prospera?

Conforme tenho dito – e conforme parece atestar a estrutura da realidade, quando a pessoa a qual o meu inconsciente tem como "menos forte", prospera e o meu conceito sobre ela não muda (não sobe) tal pessoa me gera aversão e descontentamento mais intensos. Isso porque para o nosso inconsciente o normal e correto é que a pessoa "menos forte" tenha mais pesares – ao invés de mais comodidade.

Eis, em geral, porque a pessoa que melhora de vida suscita alegria em uns e angústia em outros humanos.

A nova ótica trazida pelo presente trabalho

Não obstante a todos os pesares modernos, temos hoje uma situação um tanto melhorada. Antes de existir ideias tais quais a moral judaico-cristã, a família, a escola, as divisões hierarquias etc, a situação em geral era ainda mais bárbara no nosso planeta. Isso porque em geral as invasões, dissensões, disputas e conquistas se resolviam por meio do extermínio cruel de povos inteiros (e as pessoas tidas como estranhas, perdedoras, inimigas ou "inferiores" eram tratadas com ainda menos clemência do que o são hoje).

Hoje os empreendimentos, as descobertas científicas, as técnicas de diplomacia, as inovações tecnológicas continuam ativas e em certo progresso – porque o homem continua pulsando, vibrando, querendo.

251

eber hernandes

E é importante que sigamos querendo reagir, viver, disputar, melhorar, avançar, já que, o degradante e prejudicial seria a depressão, a ausência de ânimo, a desesperança, a falência total das vontades. Uma criança, por exemplo, que não quer mais comer, brincar, competir, avançar, vencer está, por certo, adoentada.

Importa, contudo, compreender e desobstruir essa vitalidade e essa vontade. Importa perceber que misturado as evoluções e ao processo civilizatório ainda acontece um certo reforço na força social que nos faz angustiados diante do êxito de determinadas pessoas. Isso porque tudo, ou quase tudo, ainda nos faz pensar que determinadas pessoas são "menos fortes" e que pessoas "menos fortes" não podem ter muita alegria.

Quando crianças pequenas acreditamos e fantasiamos que nós (e que todas as demais pessoas) somos sucesso infinito. Depois, porém, nossa certeza e nossa fantasia são um tanto estragadas porque (ou inclusive porque) aprendemos que determinadas pessoas não podem ter tanta importância ou tanta alegria.

Paramos, assim, de acreditar na possibilidade de termos uma família ou uma sociedade mais equilibrada. E o paramos inclusive, ou principalmente, porque ao longo dos séculos se ensinou que o homem é incapaz de ficar feliz com a felicidade do outro, que invejar é querer o brilho do outro, que as pessoas mais bem sucedidas são as mais invejadas, que inveja é falha incurável etc.

A partir, entretanto, da nova ótica trazida pelo presente trabalho se pode tentar adotar estratégias, posturas e soluções um pouco mais eficientes a respeito. De modo que, se, por exemplo, um filho não suporta ver o progresso e a alegria do próprio irmão, pode-se procurar mostrar a esse filho invejoso que, diferente do que lhe foi ensinado, ele é sim capaz de ficar feliz com a felicidade dos outros – tanto que fica feliz diante do sucesso dos animais, das árvores, dos seus astros favoritos etc.

eber hernandes

Pode-se tentar mostrar a esse filho que essa inveja (ou ao menos parte dela) é uma construção social desconstruível, que o fato de termos vontades é bom e saudável, que o fato de não querermos ficar para trás é também algo bom e saudável, que sentimos a referida angustia porque aprendemos que pessoas "menos fortes" devem ter menos alegria, que esse aprendizado deve ser administrado com sensatez e com inteligência, que é injusto que torçamos contra o sucesso de nossos próprios amigos e parentes, aos quais amamos – sendo que conseguimos torcer com prazer pelo êxito de nosso atleta favorito etc.

O que houve na porta do colégio onde eu estudava piano

No início dessa exposição eu disse que tive tal insight na porta da escola de um conservatório onde eu estudava piano. Mas, a final de contas, o que aconteceu ali para que eu descobrisse isso que chamei de "o mistério da inveja"?

O porteiro de tal escola sempre me recebia e tratava-me como se eu fosse um pano de chão. Ele tinha sempre um tom rude, seco, frio, desprezador para comigo. As recepcionistas também me travavam como se eu fosse um cachorro de rua. Eu mudava o tom, mudava a postura, lia livros, procurava ficar mais sério, procurava sorrir mais etc, e nada. Eles viam-me como um lixo. Eu estava para concluir que todos ali eram mesmo estúpidos.

Certa tarde, entretanto, chovia muito e eu estava parado dentro da escola na porta esperando que a chuva se abrandasse para eu poder sair. Foi aí que matei a charada da inveja. Isso porque de repente o aludido porteiro amoleceu-

eber hernandes

se todo; suavizou seu tom de voz, esboçou um sorriso afável e apressou os passos levando um belo guarda-chuva aberto para um outro aluno que chegava na calçada.

Esse outro aluno acabava de chegar na porta da escola trazido em um luxuoso carro preto por seu motorista particular. E isso (de o porteiro suavizar sua voz, esboçar sorriso afável, oferecer ajuda etc jamais havia acontecido comigo.

Entendi então que naquela conjuntura eu era o que chamei aqui de "menos forte" (e, portanto, digno de menos apreço), e que o rapaz que acabava de chegar era o que chamei aqui de "mais forte" (e, portanto, digno de mais apreço).

Entendi outrossim que nem tudo se explica pela maldade genética que há no homem (senão a maldade genética do porteiro o faria ser perverso em relação ao aluno ricaço também). Percebi que há um costume, uma força social que faz que o porteiro (e todo mundo) tenha como normal e correto que determinadas pessoas sejam mais apreciadas do que outras.

Nas primeiras semanas de reflexão me ficou claro apenas que havia um costume que nos fazia pensar que determinadas pessoas são inferiores, e que pessoas inferiores devem ter menos comodidade. (Tanto que passei imediato a procurar ficar mais sério, andar melhor vestido, parecer mais sofisticado etc – conforme recomendam tantos palestrantes autoajuda).

Logo a diante notei, entretanto, que quando uma pessoa tida como inferior ou como "menos forte" ganha (ou ameaça ganhar) muita comodidade essa pessoa gera um mal-estar, um desconforto específico. Percebi então que esse mal-estar é exatamente o desconcerto que o mundo inteiro chama de inveja.

O que houve com a teoria

254

eber hernandes

No início dessa exposição eu disse, também, que por ocasião dessa minha interessante descoberta o trabalho mais erudito e mais completo que se tinha a respeito desse tema era o do curador e Doutor Leandro Karnal.

Em tal levantamento (*O pecado envergonhado, a inveja e a tristeza sobre a felicidade alheia*) apresentado no décimo ano da CPFL Cultura, no programa Café Filosófico, no módulo Sete Prazeres Capitais – apresentado antes de "O Mistério da Inveja" ser elaborado e exposto – o referido cientista passa 2 horas 12 minutos e 33 segundos citando dezenas de pensadores, teólogos, cientistas, filósofos etc que haviam versado sobre a inveja em nosso planeta. O senhor Leandro Karnal cita tudo de relevante que se havia dito sobre esse tema no mundo.

Ele não encontra, e portanto não cita, nenhum trabalho que explique a inveja com construção social.

Ou seja, como se disse, o próprio levantamento feito pelo referido doutor deixa comprovado que antes do nascimento e da exposição da obra "O Mistério da Inveja" ninguém em nosso planeta havia pensado e explicado a inveja como fato social.

Fim

eber hernandes

Bibliografia

Palestra, *O pecado envergonhado, a inveja e a tristeza sobre a felicidade alheia,* criada e apresentada por Leandro Karnal no décimo ano da CPFL Cultura, no programa Café Filosófico, no módulo Sete Prazeres Capitais

Filosofando, Marilena Chauí
Discurso do Método, Renê Descarte

eber hernandes

Aula Linguística, Roland Barthes
O Príncipe, Nicolau Maquiavel
Vigiar e Castigar, Michel Foucault
História da Riqueza do Homem, Leo Ruberman
O Banquete, Platão
Revista Veja, 02/2014
O Pequeno Príncipe, Sant d'Exupéry
Vidas Secas, Graciliano Ramos
Negras Raízes, Alex Haley
Hamlet, W. Shakespeare
Site do doutor Leandro Karnal: Inveja, o Pecado Envergonhado
Da Divisão do Trabalho – Emile Durkheim
Metodologia do trabalho científico – Èmile Durkheim
Émile Durkheim - O Suicídio
Thiago Rego Alves – Considerações Sobre a Crítica de Rotary a Foucault
O Capital – Karl Marx
Sapiens – Yuval Noha Rarari
Toda a História – Nelson Piquete e Jobson A. Arruda
Professor Leandro Vieira - 13 Reasons Why
HTTPS://exame.abril.com.br/mundo/estes-sao-os-paises-que-mais-detestam-os-estados-unidos
Pérsio Santos de Oliveira – Introdução a Sociologia
Doutora Cristina Castilho Costa – Sociologia Introdução a Ciência da Sociedade
Willyans Maciel – Michel Foucault
Inveja e Gratidão – Milene Klein
Site www.educatina.com
Crítica a Razão Pura - Emmanuel Kant
David T. Cramer – Suicide and Durkheim's Theory
Immanuel Kant – Crítica da Razão Prática

Palestra, entendendo a esquerda: de Kant a escola de Frankfurt – Silvio Medeiros
Palestra, A Ética segundo Immanuel Kant, www.acorpole.org.br
História da Cidadania – Jaime Pinsky e Carla Bazanezi Pinsky
Louise L. Hay – Sim, eu posso
O Jardim da Aflições – Olavo de Carvalho
Eenest Shurtleff Holmes – El Poder Creador de la Mente

eber hernandes

eber hernandes

Dedico com todo amor esse trabalho a minhas filhas

Ana Carolina Mercês e Maria Eduarda Mercês

eber hernandes

eber hernandes

Eber Hernandes é aprovado em dois concursos públicos de nível superior, é poliglota e é ambidestro. Publicou livros de ficção, de cálculos mentais, de vocabulários e de arte lírica. É autor do primeiro trabalho no mundo a explicar a inveja como construção social.